James Morgan Pryse

Reinkarnation im Neuen Testament

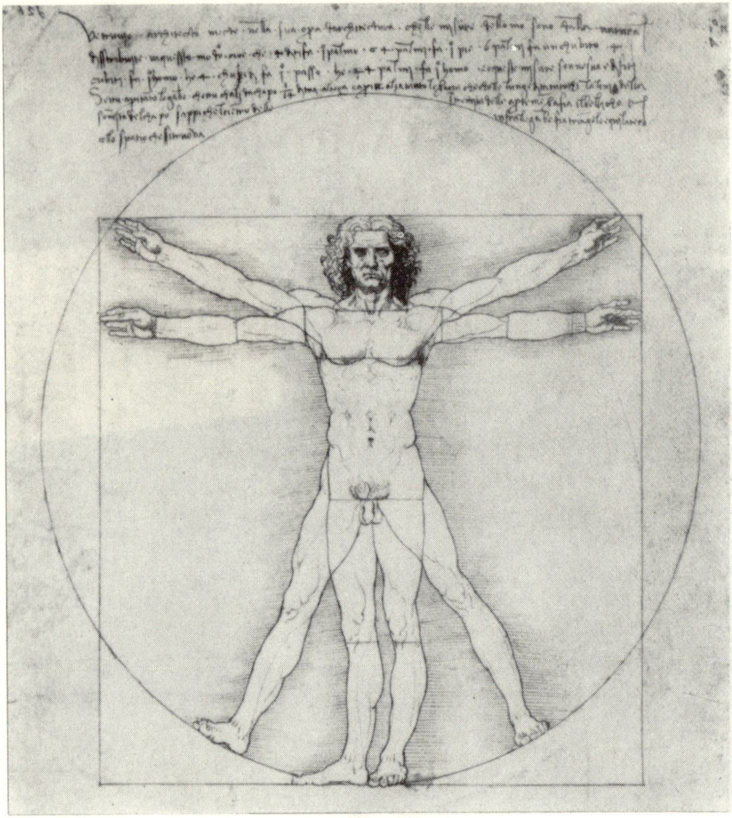

Abbildung 1

James Morgan Pryse

REINKARNATION IM NEUEN TESTAMENT

mit Erläuterungen von

Agnes Klein

3. verbesserte Auflage

ANSATA-VERLAG
Paul A. Zemp
Rosenstrasse 24
CH-3800 INTERLAKEN
Schweiz
1984

Titel der Originalausgabe von 1900: Reincarnation in the New Testament. Nachdruck 1965 durch Health Research, Mokelumne Hill, California. Übersetzung mit Erläuterungen, Anmerkungen, Literaturangaben und Registern durch Agnes Klein. Titelbild aus den Proportionsstudien von Leonardo da Vinci, heute in der Akademie in Venedig; Originalgröße 0,343×0,245.

Umschlagbild: Otto Baumberger (aus Kompositionen zur Divina Commedia von Dante Alighieri)

3. Auflage 1984

Schutzumschlaggestaltung: Paul A. Zemp
Gesamtherstellung: Zobrist & Hof AG, CH-Liestal
ISBN 3-7157-0038-6

INHALT

Vorwort zur zweiten Auflage

Das Echo auf unser Büchlein war – wie vorauszusehen – teils überschwenglich positiv, teils verhalten neutral, jedoch in einigen Fällen auch dogmatisch ablehnend. So scheiden sich die Geister an der kritischen Frage: *Leben wir nicht nur einmal?*

Diese Frage ist gleichzeitig der Untertitel des Herder-Taschenbuches Nr. 806 von Gerhard Adler: *Seelenwanderung und Wiedergeburt* (1977), welcher Autor mehr historisch an die Thematik der Reinkarnation herangegangen ist. Besonders wertvoll ist darin die Zitatensammlung über die positive Einstellung zur Reinkarnation z.B. von Goethe, Schiller, Kleist, Novalis, aber auch von Wilhelm Busch, Gerhart Hauptmann und Richard Wagner. Nicht einverstanden sind wir mit Adlers Behauptung (Seite 49), das ältere Judentum habe den Gedanken wiederholter Erdenleben nicht gekannt.

Zur Widerlegung dieser Behauptung Adlers verweisen wir auf Friedrich Weinreb: *Das Buch Jonah – nach der ältesten jüdischen Überlieferung* (Zürich 1970), worin Weinreb sogar über Strafinkarnationen in Rinder berichtet (Seite 90). Er spricht direkt von einem «Gilgul» Nimrods (Seite 145). In seinem Kapitel: *Gilgul, mißverstandene Reinkarnation* (Seiten 100–103), erklärt Weinreb den jüdischen Begriff der Gottseele Neschamah als das in allen Menschen gleiche vollkommen Göttliche, welches den ganzen göttlichen Bauplan enthalte. Daraus trete in der Zeit einmal diese, einmal jene Persönlichkeit im Menschen in den Vordergrund ... Im Menschen sei dann ein «Gilgul», ein Wieder-Form-Werden dieser Gestalt zustandegekommen. (Seite 102)

Daß dieser Bauplan auch in jeder lebendigen Zelle enthalten ist und beim Menschen als dem Optimum der Schöpfung eine Bibliothek mit 10 000 Bänden füllen würde, brachte am 9.1.81 das deutsche Fernsehprogramm West: *Das Leben – ein Jahrmilliardenpuzzle,* nach Gen 1 ein Optimum ohne Störung durch den Menschen. *Und Gott sah, daß es gut war!* (siehe Anmerkung K4) Allerdings fehlte der Hinweis auf Gen 2, wie dieses Optimum durch den angewandten freien Willen des Menschen beschädigt werden konnte, weshalb der Mensch heute die Folgen seiner Experimentierkunst zu tragen hat.

Manfred Eigen und Ruthild Winkler, die Mitautoren der

genannten Fernsehsendung, haben bereits 1975 ein Buch über diese Problematik verfaßt: *Das Spiel – Naturgesetze steuern den Zufall* (Piper Verlag München).

Zwar lehnt Weinreb die Strenge bzw. Schicksalsgebundenheit des Karmagesetzes der östlichen Religionen ab, erklärt aber deutlich die Notwendigkeit der Rückkehr des Menschen aus der Vielheit dieser Welt zur Einheit des Gottesreiches. Seite 104 spricht er von vier «Gilguls» der Eva: Sarah, Channah, die Schunamitische (2 Kön 4) und die Witwe von Zarpath. So gebe es auch vom Messias als dem Erlöser nach jüdischer Tradition zwei Formen: den Messias als «Sohn Davids» und den Messias als «Sohn Josephs», des Sohnes Jakobs, nachzulesen im Jonah-Buch Weinrebs an mehreren Stellen gemäß Stichwortregister. Hier finden wir auch die Bestätigung, daß die Geistseele Neschamah als Atem (= Hauch) Gottes ewig ist und nicht für jeden Menschen neu erschaffen wird, wie es der sog. Kreatianismus der kirchenamtlichen Lehre aussagt.

Im Bertelsmann *Lexikon des Judentums* wird Seite 739 unter dem Stichwort «Seelenwanderung» die Wiederverkörperung der Seele oder Reinkarnation, hebräisch Gilgul = das Rollen, gebracht und auf die entsprechende Lehre vom Gilgul in der Kabbala hingewiesen. Übrigens hängt das Wort «Gilgul» = Reinkarnation mit dem hebräischen Wort «Galgal» = Rad zusammen, dessen Stamm auch in Galuth = Verbannung steckt, nach altjüdischer Auffassung gleichbedeutend mit «immerwährender Leib-Werdung», bis der Mensch zur Einheit in Gott zurückgekehrt ist. (Weinreb: Jonah, Seite 317)

Max Hoffmeister: *Reinkarnation – Antwort auf das Rätsel des Menschen? Eine Einführung in den Gedanken der wiederholten Erdenleben* (2. ergänzte und erweiterte Auflage Achberger Verlag Achberg 1980) schreibt auf Seite 232, daß Jesus zwar nicht, wie es im jüdischen Talmud geschehe, den Reinkarnationsgedanken gelehrt, ihn aber wohl an der Gestalt von Johannes dem Täufer konkret aufgezeigt habe. Ferner zitiert Hoffmeister Seite 301 aus *Meyers Konversationslexikon, 1907, Bd. 18, Seite 263: «Die Juden zur Zeit Christi glaubten ziemlich allgemein an die Seelenwanderung. Die Talmudisten nahmen an, Gott habe nur eine bestimmte Anzahl von Judenseelen geschaffen, die daher immer wiederkämen, solange es Juden gäbe, bisweilen auch zur*

Strafe in Tierkörper versetzt, am Tage der Auferstehung aber alle gereinigt seien und in den Leibern der Gerechten im gelobten Lande aufleben würden ...

Auf die Problematik der Reinkarnation im Alten und Neuen Testament geht auch Rudolf Frieling in seinem Buch ein: *Christentum und Wiederverkörperung* (Verlag Urachhaus Stuttgart 1975[2]). Insbesondere geht er darin tiefschürfend auf die Bedeutung der Menschwerdung des Christus, seine Auferstehung und Himmelfahrt, aber auch auf die Christwerdung des Menschen ein, die weitere Wiederverkörperungen notwendig mache (Seite 66). Auch er bringt Aussagen darüber von Buddha zu Lessing.

Hinsichtlich der Reinkarnation wird von katholischen Gelehrten neuerdings bezweifelt, ob das sog. zweite Konzil von Konstantinopel im Jahre 553 überhaupt für die Katholiken gelte, da Papst Vigilius, obwohl er sich zur Zeit des Konzils in Konstantinopel aufhielt, sich weigerte, daran teilzunehmen, so daß der Patriarch von Konstantinopel Eutychius dem Konzil vorstand. Begründung durch Papst Vigilius: Einberufung des Konzils durch Kaiser Justinian. Ausführlich nimmt Pater Ferdinand Prat S. J., Brüssel, in der Katholischen Enzyklopädie, Band 11, Stichwort ORIGENES (185–254), dazu Stellung.

Lassen Sie uns noch etwas zur Androgynität Gottes sagen: In einer Fernsehsendung am 15. 12. 80 «ICH STELLE MICH» wurde der katholische Theologe Hans Küng ganz zum Schluß gefragt: *Ist Gott männlich oder weiblich?* – worauf er spontan antwortete: *Beides.* Das mag zunächst als weiterer trennender Aspekt gegen Küng aussehen; denn Gott in drei Personen (= Trinität) zeigt offensichtlich keine weibliche Komponente: Vater, Sohn und Heiliger Geist. Bei der üblichen Darstellung des Heiligen Geistes als Taube (hebräisch: Jona) finden wir sie dennoch ausgedrückt: die Taube ist von altersher das Symbol der Großen Mutter, z. B. Istar, Astarte, Aphrodite, und daher entspricht diese katholische Darstellung den großen Trinitäten anderer Religionen (siehe unser Stichwort «Dreifaltigkeit»). Näheres über die Symbolik der «Taube» berichtet Dorothea Forstner OSB: *Die Welt der christlichen Symbole* (Innsbruck 1977), Seite 240, ebenso Erich Zehren: Das Testament der Sterne (Herbig Berlin 1957), Seite 271, Seite 343–344, Seite 351, Seite 367. Eine Darstellung von Aphrodite als Taube mit dem

Lichtgott Apollon haben wir als Titelbild unseres Vortrages SOKRATES UND JOHANNES gebracht.

Eine andere Ergänzung unseres Büchleins können wir zur Zahl 42 (Seite 79 und 83) bringen: sie gibt die Anzahl der Lagerplätze an, die während des Zuges des Volkes Israel durch die Wüste (Num 33) durchwandert werden müssen. Friedrich Weinreb: *Der göttliche Bauplan der Welt* (Zürich 1973), Seite 356, erklärt die 42 wie folgt: «*Diese Zahl 42 drückt den Weg durch den siebenten Tag aus. Der vollendete sechste Tag wird ausgedrückt durch* 6^2, *der vollendete siebente Tag durch* 7^2, *das Unterwegssein vom vollendeten sechsten zum vollendeten siebenten Tag wird ausgedrückt durch* $(6\frac{1}{2})^2$, *durch 42.*» Könnte hier das Quadrat vielleicht die Vollendung der Androgynität des Gottmenschen andeuten?

Dieser Zug durch die Wüste aber steht symbolisch für den Weg durch diese Welt: erst wenn der Mensch an allen 42 Orten gewesen ist, hat er sich bewährt. Wir können hier den Zusammenhang zwischen diesen 42 Orten und den 42 Richtergottheiten in Ägypten und Tibet deutlich erkennen: im ägyptischen Totenbuch bewachen 42 Richter jeweils ein Tor, durch das die Seele nach bestandener Prüfung dann zum nächsten Tor schreitet – sozusagen zum Eingang des nächsten Lagerplatzes, wie es im Alten Testament bildlich beschrieben wird. Auch über die Zahl 42 hat Erich Zehren in seinem o.a. Buch weiterführende Einzelheiten zusammengetragen: Seite 25 bis 26, Seite 267–271 mit entsprechenden Literaturangaben.

Nach Athanasius Kircher S.J. (1602–1680): *Oedipus Aegyptiacus*, Band II, Rom 1653, Seite 243–246, wird der jüdische Name Gottes aus 42 Buchstaben als das heiligste Geheimnis betrachtet, worüber auch Karl Kiesewetter: *Der Occultismus des Altertums* (Nachdruck Olms Hildesheim 1976) Seite 327 berichtet. Den großen kabbalistischen Baum mit den 42 Attributen Gottes aus dem o.a. Werk das A. Kircher, Seite 287, bringt Papus mit Erläuterungen und Aufzählungen dieser 42 Attribute in seinem Werk: *Die Kabbala* (Nachdruck ANSATA 1976), Seite 239–242.

Im 12. Jahrhundert hat sich der Abt Joachim von Fiore: *Das Zeitalter des Heiligen Geistes* (Thurm-Verlag Bietigheim 1977, Seite 110–114) über die 42 und die 30 (= Zeitpunkt des öffentlichen Auftretens Jesu) geäußert, deren Produkt die 1260 in der Offb Joh 11,3 und 12,6 ist, die Summe von 30 + 42 aber die 72 Genien dieses kabbalistischen Baumes (= Symbol des Lebensbaumes) bedeuten, die Papus in seiner Kabbala Seite 243–269 ausführlich beschreibt.

Wie Augustinus (354–430) über die Reinkarnation gedacht hat, sei noch aus seiner Frühschrift *Contra Academicos* 3, 18, 41 (Gegen die Akademiker, verfaßt 386) übersetzt: *Die Botschaft Platons (428–347 v.u.Z.), des reinsten und in der Philosophie höchst erleuchteten, hat schließlich die Finsternis der Irrungen zerstreut und ist hauptsächlich in Plotin (205–270) aufgeleuchtet, einem Platoniker, den man ihm (Platon) für so ähnlich hielt, daß man denken könnte, sie hätten zusammen gelebt, oder – da eine lange Zeitspanne sie trennt – Platon sei in Plotin wieder lebendig geworden.* Gibt nicht auch die Ähnlichkeit beider Namen zu denken? *Sapienti sat est – dem Weisen genügt's.*

Und nun noch eine Nachlese zum Stichwort «Quadratur des Kreises»: Bereits der griechische Komödiendichter Aristophanes (445–385 v.u.Z.) hat in seinem Lustspiel DIE VÖGEL (Uraufführung 414 v. u. Z.) den Geometer Meton einen Stadtplan für das Wolkenkuckucksheim entwickeln lassen, indem er «mit dem Meßzeug für die LUFT» – synonym für das griechische Pneuma = Lufthauch und Geist – aus einem Kreis ein Viereck bildet (Vers 1005), in dessen Mitte als Markt alle Straßen führen und wie Strahlen von ihm als kugelrundem Stern gradaus nach allen Winden gehen. Das ist nach F. Rudio ein recht gelungener Scherz über das «Vierwinklig»machen des Kreises, was aber, so fährt er fort, sinnlos gewesen sei, wäre das Problem der Kreisquadratur dem griechischen Publikum nicht bekannt gewesen, und zwar im Zusammenhang mit Thales (640–548 v. u. Z.; Vers 1009), der die Kreisquadratur wie Pythagoras in Ägypten kennengelernt hatte. Siehe Ferdinand Rudio: Der Bericht des Simplicius über die Quadraturen des Antiphon und des Hippokrates, Sändig Wiesbaden 1968, Seite 90–91.

Schließlich haben wir noch das Geburtsdatum unseres Autors James Morgan Pryse ermitteln können: 1859, leider jedoch noch nicht sein Sterbejahr.

Brühl, am 26. Februar 1981

Agnes und Reinhold Klein

Und so lang du das nicht hast,
Dieses: Stirb und werde!
Bist du nur ein trüber Gast
Auf der dunklen Erde.

Johann Wolfgang von Goethe:
Selige Sehnsucht

Vorbemerkung

Dieses Büchlein über Reinkarnation widmen wir allen Suchern nach dem Sinn des menschlichen Lebens. Seit der Renaissance der Antike – darum unser Titelbild von Leonardo da Vinci – und der deutschen Klassik – darum als Motto ein Ausspruch von Goethe – ist die Auseinandersetzung mit diesem Thema nicht verstummt, sondern innerhalb und außerhalb der christlichen Kirchen immer intensiver geworden.

Mit unseren Erläuterungen im zweiten Teil dieses Büchleins möchten wir dem kirchlich seit 553 festgelegten Standpunkt der Ablehnung der Reinkarnationslehre eine Brücke in die Jetztzeit bauen – nicht in Form einer weiteren Auslegung bestimmter Bibelstellen, sondern durch die Herausarbeitung des tiefsten Grundes für die Befreiung aus dem Reinkarnationszyklus: durch Aufzeigen des wahren Weges zur Erleuchtung (Buddha) oder Transfiguration (Christus), welches Ziel beide verkündet haben.

Dabei gelten sowohl Buddha als auch Jesus Christus als sog. freiwillige Reinkarnation bereits Erleuchteter, also ohne Karma oder Erbsünde geboren, welcher Vorgang sowohl für den Buddha als auch für den Christus als in der Zukunft wiederholbar gelehrt wird. (Buddha Maitreya; Christi Wiederkehr)

Möge in diesem Sinne hier ein gemeinsamer Weg für Ost und West aufgezeigt sein, wobei die Begriffserklärungen am Schluß und die eingefügten Bilder der weiteren Verständigung dienen sollen, frei von aller Dogmatik und Lehre, hin zum wahren Ziel des menschlichen Lebens, dasselbe in Ost und West. Unterschiede gibt es nur in der Theorie, worauf die vielen Sekten in Ost und West ja wohl zurückzuführen sind; doch Theorie ist die Grundlage der Verständigung, um zu einem einheitlichen Weltbild zu kommen. Symbolik aber spricht dort, wo Worte versagen. Und die Bibel ist voller Symbolik und Gleichnisse.

In der Praxis geht es um den individuellen Weg, der von jedem Menschen selbst gefunden werden muß – auf der Basis der Selbsterkenntnis. Dazu braucht der Mensch, je tiefer er in sich eindringt, immer weniger Theorie oder Exegese durch Gleichnisse, bis schließlich alle Worte Jesu oder Buddhas als direkt zum Jünger gesprochen verstanden und verwirklicht werden. (Mt 13,10–17)

Weihnachten 1980 *Agnes und Reinhold Klein*

REINKARNATION
IM
NEUEN TESTAMENT

von
James Morgan Pryse

Chymischen Lustgärtleins

19. Die Eh/oder das Ehliche Bandt.

n vnserm Himmel sihet man
leichsfalls zwey schöne Liechter stahn:
Die zeigen an/wie ich bericht/
Des grossn Himmels zwey grosse Licht.
ie zwey vereinig/gleich wie wird
in Weib jhrem Man zugeführt:
Auff daß glückseliglich bey dir
Der Ehliche Standt trett herfür.
ie verkehrung der Element
it Maaß gescheh darauff behendt:
Auff daß die runde Form vnd Art
Herfür bring jhre Kräfften zart.

LI. Figur.

Abbildung 2

James Morgan Pryse:
AN DEN LESER
Widmung und Vorwort

Keine Glaubensbasis, die irgendwelchen ehrlichen Erforschern der Lehren des *Neuen Testamentes* heilig ist, wird in dieser kleinen Abhandlung angegriffen oder abwertend zitiert.

Die Unsterblichkeit der Seele wie auch die Göttlichkeit Christi werden darin vollständig anerkannt.

Die Bücher des *Neuen Testamentes* werden darin behandelt, wie sie abgefaßt wurden, und keine Frage wird nach der Echtheit irgendeines seiner Teile gestellt.

Eine sorgfältige Prüfung gewisser Lehren Jesu und seiner direkten Anhänger wird darin zu dem einzigen Zweck durchgeführt, um zu einem klareren Verständnis dieser Lehren und alles dessen zu kommen, was sie in Wahrheit bedeuten.

Diese Aussage wird gemacht, um im voraus jeden möglichen Irrtum zu beseitigen, der über die Art und den Zweck dieser Arbeit entstehen könnte, da ihr Titel angibt, daß sie nicht dem ausgetretenen Weg der theologischen Exegese folgt. Nach Meinung des Verfassers ist dieser theologische Weg nicht derselbe und tatsächlich nicht einmal ähnlich dem «Weg», von dem Jesus gesprochen hat.

Deshalb werden gewisse Glaubensbekenntnisse, für die in der Bibel auch nicht der kleinste Schatten eines Anhaltes gefunden werden kann und die durch das erleuchtete Bewußtsein der Menschheit nicht bestätigt worden sind, in dieser Arbeit nicht als heilig betrachtet, sondern als Elemente angesehen, die aus christlichen Glaubensbekenntnissen entfernt werden müssen, bevor die christliche Religion und die Religion des Christus ein und dasselbe sein können.

Aufgrund des moralischen Mutes vieler moderner Anhänger Jesu wird das Christentum von heute von den unerwünschten Ergänzungen des Mittelalters gesäubert und dadurch wieder zu dem reinen und edlen Glauben, der von dem gottmenschlichen Jesus und dem menschlich-göttlichen Paulus gelehrt wurde.

Denjenigen Christen, die auf diese Weise den Mut gehabt haben, alle Lehren zu prüfen und *nur* diejenigen zu behalten (1 Thess 5,21), die gut, heilsam, Christusgleich und von liebevollem Herzen und geläutertem Verstand getragen sind, widmet dieses kleine Werk achtungsvoll

der Verfasser.

I.
ELIJAS RÜCKKEHR ZUR ERDE
(Mt 17,10–13)

Es gibt eine Anzahl höchst wichtiger Stellen im *Neuen Testament,* die sich direkt auf den Zusammenhang zwischen dem Leben im Himmel und dem Leben auf Erden beziehen, deren volle Bedeutung aber kaum verstanden worden zu sein scheint. Die darin enthaltenen verblüffenden Aussagen könnten sogar die Aufmerksamkeit des nur gelegentlichen Bibellesers fesseln; und obwohl sie eines der wichtigsten Probleme des menschlichen Lebens behandeln und beleuchten, wurden sie nur wenig kommentiert und die logischen Folgerungen, die eventuell daraus gezogen werden könnten, fast universell übergangen. Unter anderen dieser Art mögen die folgenden Stellen als Beispiel dienen:

Übersetzung aus dem griechischen Urtext von mir:

Matthäus 11,11–14

«Amen, ich sage euch, unter den von Frauen geborenen (Menschen) ist (von den Toten) kein größerer (Seher)[1] erwacht als Johannes der Täufer; aber der geringer (Eingeweihte) im Reich der Himmel ist ein größerer Seher als er … Und wenn ihr (ihn) annehmen wollt, ist er selbst Elija, derjenige, der kommen soll.»

Matthäus 16,13–16; 17,10–13

Jesus … fragte seine Jünger und sprach: Wer sagen die Leute, daß des Menschen Sohn sei?
Und sie sprachen: «Etliche (sagen), du seiest Johannes der Täufer;die anderen, du seiest Elija; etliche, du seiest Jeremia oder der Propheten einer.»

Einheitsübersetzung 1980:

Matthäus 11,11–14

Amen, das sage ich euch: Unter allen Menschen hat es keinen größeren gegeben als Johannes den Täufer;doch der Kleinste im Himmelreich ist größer als er … Und wenn ihr es gelten lassen wollt: Ja, er ist Elija, der wiederkommen soll.

Matthäus 16,13–16; 17,10–13

Jesus … fragte seine Jünger: Für wen halten die Leute den Menschensohn? Sie sagten: Die einen für Johannes den Täufer, andere für Elija, wieder andere für Jeremia oder sonst einen Propheten. Da sagte er zu ihnen: Ihr aber, für wen haltet ihr mich? Simon Petrus antwortete: Du bist der Mes-

Er sprach zu ihnen: «Aber wer sagt *ihr*, daß ich bin?» Und Simon Petrus antwortete und sprach: «Du bist der Gesalbte, der Sohn des Lebendigen Gottes!»

Und seine Jünger stellten eine Frage und sprachen:
«Warum aber sagen die Schriftgelehrten: ‹Elija muß zuerst kommen›?»
Jetzt antwortete Jesus und sagte zu ihnen:
«Elija kommt tatsächlich zuerst und wird alle (Dinge) wiederherstellen. Jetzt aber sage ich euch, Elija ist schon gekommen, und sie haben ihn nicht erkannt, sondern haben ihm so viel (Unrecht) getan, wie sie konnten. So ist auch dem Sohn des Menschen bestimmt, durch sie zu leiden.»
Da verstanden seine Jünger, daß er (dies) zu ihnen von Johannes dem Täufer sagte.

sias, der Sohn des lebendigen Gottes!

Da fragten ihn die Jünger: Warum sagen denn die Schriftgelehrten, zuerst müsse Elija kommen? Er gab zur Antwort: Ja, Elija kommt, *und er wird* alles *wiederherstellen.* Ich sage euch aber: Elija ist schon gekommen, doch sie haben ihn nicht erkannt, sondern mit ihm gemacht, was sie wollen. Ebenso wird auch der Menschensohn durch sie leiden müssen. Da verstanden die Jünger, daß er von Johannes dem Täufer sprach.
(Siehe auch Mk 8,27; Lk 9,18)

Die Parallelstelle im dritten Evangelium lautet wie folgt:

Lukas 9,18–20

Seine Jünger waren bei ihm; und er stellte ihnen eine Frage und sprach:
«Wer sagen die Leute, daß ich sei?»
Und sie antworteten und sprachen:
«(Einige sagen) Johannes der Täufer; und andere, Elija; wieder andere, daß ein Seher des alten Volkes auferstanden sei (von den Toten).»
Und er sagte zu ihnen:
«Aber wer sagt *ihr*, daß ich bin?»
Und Petrus antwortete und sprach:
«Der Gesalbte Gottes.»

Lukas 9,18–20

Und die Jünger waren bei ihm. Da fragte er sie: Für wen halten mich die Leute? Sie antworteten: Einige für Johannes den Täufer, andere für Elija; wieder andere sagen: Einer der alten Propheten ist auferstanden. Da sagte er zu ihnen: Ihr aber, für wen haltet ihr mich? Petrus antwortete: Für den Messias Gottes.

(Siehe auch Mk 8,27–29; 9,11–13)

In den vorstehenden Zitaten werden die folgenden Tatsachen vorgebracht, entweder durch direkte Aussage oder durch notwendige Folgerung:

Jesus erklärt ausdrücklich, daß Johannes der Täufer Elija war. Da Johannes, der Sohn von Zacharias und Elisabeth, auf normale Weise geboren worden war, kann die ausdrückliche, uneingeschränkte Aussage von Jesus keine andere Bedeutung haben, als daß die Seele oder das innere Selbst von Elija in Johannes inkarniert wurde, wie der Engel Gabriel dem Zacharias vor der Geburt seines Sohnes verkündet hatte. (Lk 1,13–17)

Elija, der mehrere Jahrhunderte vorher in den Himmel aufgefahren war (2 Kön 2,11), war also auf die Erde zurückgekehrt, indem er einen neuen Körper angenommen hatte; mit anderen Worten: er war reinkarniert.

Die Menschen, die die Werke kannten, die von Jesus vollbracht wurden, nahmen als selbstverständlich an, daß er die Reinkarnation eines der Seher, Propheten oder Wundertäter der früheren Zeiten war; sie ergingen sich in Spekulationen, welche dieser früheren Persönlichkeiten er sein könnte. Wer ihn für Johannes hielt, mußte entweder glauben, daß dieser nach seiner Enthauptung ins Leben zurückgekehrt oder es für die Seele eines verstorbenen Menschen möglich sei, diejenige eines noch im Fleisch existierenden Menschen zu ersetzen.

Es gibt keinerlei Hinweis, daß Reinkarnation als ungewöhnlich oder außerordentlich angesehen wurde; sie wurde ganz einfach für selbstverständlich gehalten, wobei der einzige strittige Punkt die Identität des Individuums war, das reinkarnierte. Das Interesse kreiste nur um seine Person als Prophet und Magier, da von deren Fähigkeiten vorausgesetzt wurde, daß sie aus einer früheren Inkarnation mitgebracht wurden. Auch die Jünger Jesu nahmen dies schweigend an; weit davon entfernt, diese Tatsache zu bestreiten, hatten sie sich – so geht aus dem Bericht hervor – bereits auf ähnliche Spekulationen eingelassen.

Jesus wußte, daß solche Mutmaßungen in Umlauf waren, wie seine plötzliche Frage beweist: «Wer sagen die Leute, daß ich bin?» Er nimmt keine Stellung zu dem volkstümlichen Glauben an Reinkarnation, sondern stimmt ihm durch sein Schweigen zu. Die wesentliche Tatsache, daß er einer der reinkarnierten alten Propheten sei, leugnete er nicht; im Gegenteil, er ermutigte seine Jünger zu ihren Spekulationen, indem er weiterfragte: «Aber wer sagt *ihr*, daß ich bin?» Und wenig später belohnt er ihre Neugier zum Teil, indem er freiwillig die Auskunft gibt, daß Johannes Elija sei.

In diesem Zusammenhang müßte die von Jesus gestellte Frage eigentlich lauten: «Von wem meint *ihr*, daß ich die Reinkarnation sei?» Was für eine andere Bedeutung könnte die anscheinend unpassende Antwort von Petrus haben? Wenn sie nur eine Bestätigung des messianischen Amtes Jesu wäre, würde sie ausweichend sein; und das von Jesus eröffnete und von ihm und seinen Jüngern diskutierte Thema wäre zu einem unbefriedigenden Abschluß gebracht worden – außer in der Frage nach dem Vorläufer Johannes, die nur nebensächlich war.

Aus den voraufgegangenen Überlegungen erheben sich folgerichtig weitere Fragen:

Werden irgendwelche anderen Fälle von Reinkarnation im *Neuen Testament* berichtet außer dem des Elija als Johannes? War Jesus tatsächlich die Reinkarnation eines der alten Propheten und falls ja, weist die Antwort von Petrus oder irgendeine andere Aussage im *Neuen Testament* darauf hin, wer von ihnen in seiner Persönlichkeit wieder manifestiert worden war?

Chymischen Lustgärtleins XCVIII. Figur.

Die Erste Materia.

Ich bin der Drach/dann von dem Leib
Den tödlichn Gifft hinweg ich treib:
Der rothe Löw liebt mich allzeit
Vnd mit dem Grünen mich erfrewt.
Von vielen werd ich auch erkent/
Vnd der Natur ihr Ay genent:
Ich flieg hinweg/es sey dann daß
Man mich anbind gar wol/mit Maß.
Ich hab viel Form/Farb vnd Gestalt/
Führ an mir Mans vnd Weibs Gewalt:
Das Menschlich Corpus, der gebühr/
Auch all Metall ich recreir.

Abbildung 3

In welchem Ausmaß ist der einstmals universell akzeptierte Glaube an die Reinkarnation im *Neuen Testament* zugegeben oder bestätigt? Erkennt es das Prinzip für alle Menschen an, wie es in der Antike galt, und was für eine Tragweite hat dann diese Tatsache auf die Lehren über das rechte Verhalten im jetzigen Leben, das Schicksal der Seele im Jenseits, die Mission des Jesus als Erlöser und die Art und die Bedingungen des angebotenen Heiles?

Diese Fragen erfordern eine kritische Prüfung aller Stellen im *Neuen Testament*, die sich direkt oder indirekt auf Reinkarnation beziehen. Sie wird gewinnbringender sein, wenn wir zunächst die grundsätzlichen Auffassungen über Reinkarnation zusammenstellen, wie sie von den antiken Mystikern und Philosophen gelehrt wurden.

II.
DIE PHILOSOPHIE DER REINKARNATION

Die Ansichten der Antike über die Reinkarnation sind nicht zu trennen von den fundamentalen Lehren der alten Philosophie, welche die Wesensgleichheit des spirituellen Prinzips im Menschen mit dem spirituellen Prinzip im ganzen Universum feststellt und aussagt, daß der Mensch eine kleine Welt (= Mikrokosmos) ist und in sich alle Elemente, Kräfte und Prozesse des Universums in dessen Vollständigkeit sowohl materiell als auch göttlich manifestiert. Diese Philosophie bestätigt die spirituelle Einheit aller Wesen und betrachtet die Natur nicht als von der Gottheit getrennt. Sie hält daran fest, daß Gott in allem und durch alles ist, gegenwärtig in jedem Atom eben dieses materiellen Universums.

Der höchste Bereich der Natur ist die göttliche Einheit oder das wahre Sein, undifferenziert, grenzenlos, zeitlos, selbst unmanifestiert, jedoch die Quelle aller Manifestation. Existenz oder manifestiertes Leben ist das Hinausgehen aus diesem Bereich wahren Seins in die Sphären von Veränderung und Zeit, und die Natur ist die Gottheit in Manifestation. Wahres Sein ist unveränderlich, Natur ist ständig in Veränderung; die Gottheit *ist* ewig, das Universum *wird* ewig. Dennoch ist das Universum so ewig wie die Gottheit: es ist eine endlose Folge von Welten, die in den Raum ausgeatmet und wieder eingeatmet werden, und diese Welten bestehen aus jedem Grad an Spiritualität und Materialität; denn die Essenz des Seins ist eins, und Materie ist nur Geist, herausgetreten aus seiner Quelle.

Unter dem Bereich des wahren Seins steht derjenige des wahren Geistes; er enthält die Formen aller Dinge, die zur Existenz kommen sollen, die Ideen oder Seelen aller Wesen und Dinge, wie sie vom göttlichen Gedanken geformt werden und das Modell des Universums bilden. Darunter liegt der psychische Bereich, worin diese Ideen oder Seelen in die ätherischen Elemente gekleidet werden; und aus diesem Bereich emaniert das materielle Universum, dasjenige der grobstofflichen Elemente.

Die Seele des Menschen, sein wirkliches Selbst, ist deshalb im Wesen gleich mit der Gottheit oder dem einen universellen Selbst; und in jedem Daseinsbereich hat die Seele eine Form oder einen Körper entsprechend diesem Bereich. So hat der Mensch einen physischen Körper für die materielle Welt, einen psychischen Körper für die psychische Welt und einen spirituellen Körper für die spirituelle Welt. Auch wenn der Mensch es nicht weiß, so ist er doch in Wirklichkeit ein Bewohner dreier Welten. Daß er in seinem äußeren Bewußtsein davon nichts weiß, hängt damit zusammen, daß diese drei Körper nicht richtig miteinander verbunden sind, so daß seine inneren Fähigkeiten latent und unentwickelt bleiben.

Wenn also Existenz das Aus- und Einatmen des göttlichen Lebens ist, so folgt daraus, daß alle Existenzformen von zyklischen Aktionen abhängen, die in Zeit, Raum und Materie stattfinden. Dieses Gesetz gilt für das Universum als Ganzes wie auch für jedes seiner Teile. Während nun das wahre Selbst des Menschen ewig ist – was nicht nur bedeutet, daß es niemals *aufhört* zu sein, sondern auch, daß es niemals zu sein *begonnen hat,* sondern selbst-existent ist –, so besteht sein äußeres Leben aus einer Reihe fortschreitender Entwicklungsstufen. Beim Tode wird die Seele von ihrem wahren Lebensmittelpunkt angezogen, während der physische Körper in seine Elemente aufgelöst wird. Die Seele bleibt zunächst noch in der psychischen Welt, wo sie durch den psychischen Körper wirkt. Wird dieser dann auch verlassen, so wird die Seele weiter zum Mittelpunkt gezogen und setzt ihre Aktivität in der spirituellen Welt fort, wo sie bewußt unsterblich ist, weil sie von allen gröberen Substanzen gereinigt und frei ist.

Die Seele ruht sich nach einem Einsatz auf der irdischen Ebene eine Zeitlang aus. Aber wenn diese Ruhephase beendet ist, muß sie zu ihrer unerledigten Aufgabe zurückkehren; sie taucht wieder ein in die psychische Ebene und wird in der physischen Welt wiedergeboren. Das Leben der Seele ist ewig, ihre Individualität unvergänglich, und in der ganzen Reihe ihrer Inkarnationen gibt es eine ununterbrochene Folge von Ursachen und Wirkungen. Jede Handlung, ganz gleich wie geringfügig, erzeugt ihre entsprechenden Ergebnisse, ob nun in derselben oder in einer folgenden Inkarnation; diese Wirkungen beeinflussen das Individuum, von dem sie ausgegangen sind: Gutes für Gutes und Böses für Böses. So ist jeder Mensch der Schöpfer seines eigenen Schicksals, indem sein Charakter, gut oder schlecht, und seine Umwelt, günstig oder ungünstig, das direkte Ergebnis sind seiner eigenen Gedanken und Wünsche, guten und bösen Taten, in seinen vergangenen Leben wie auch in seinem jetzigen; und ebenso wird seine Zukunft sein eigenes Machwerk sein.

Dieses «Rad der Geburt» betrifft nur den physischen und psychischen Bereich der komplexen Natur des Menschen. Sein inneres oder spirituelles Selbst ist immer frei, wohingegen das äußere Wesen, welches sich in den «Sphären des Werdens» bewegt, gebunden ist. Es wurde «aus dem Lehm der Erde» durch lange Evolutionszyklen geschaffen, indem es durch alle niederen Elementarreiche ging, bevor es zum Ebenbild seines spirituellen Prototyps wurde, des ewigen Selbstes, welches den Odem des Lebens hineinblies. Schließlich muß es eins mit diesem Selbst werden, was aber erst möglich ist, wenn es nach einer langen Reihe von Erdenleben die Vollendung erreicht hat.

Chymischen Lustgärtleins — XCIX. Figur.

Die Erste Würckung.

Hier ruhe ich/nicht ohn geferd/
Vergraben in der hartten Erd:
Mein Geist der wil (mich recht versteh.)
Sambt der Seel steigen in die Höh.
Keines von andern fliehen thu/
Das Grab wird künstlich gschlossen zu:
Sie begehren das Leben mein
Widrumb zu repariren fein.
Eim Rappen ich fast ähnlich bin/
Wenn vierzehn tag verflossen hin/
Als dann den Scepter prächtiglich
Meines Geschlechts ernewer ich.

Abbildung 4

Materielle Existenz unterliegt deshalb strenger Zucht und Ordnung. Die Seele bewahrt die Erinnerung an alle ihre Inkarnationen, aber diese Erinnerung kann dem äußeren Bewußtsein erst dann übertragen werden, wenn das äußere Leben genügend gereinigt ist; denn nur durch solche Reinigung werden die innere und die äußere Natur zum immer vollkommeneren Zusammenspiel kommen, so daß die Seele sich völlig in der niederen Welt manifestieren kann. Viele Menschen behaupten von sich, daß sie die Erinnerung an ihre vergangenen Leben besäßen; einmal werden alle Menschen sie erringen. Jedes menschliche Wesen hat in allen großen Rassen der Vergangenheit gelebt und Erfahrungen gesammelt; es wird auch in denen der Zukunft leben. Die sich wiederholende Geschichte hat dieselben Schauspieler, die ständig das große Drama proben.

Doch wie groß der Reinkarnationszyklus auch sein mag, so ist er keinesfalls endlos: da jeder Inkarnation eine Periode der Ruhe folgt, wird bei der Vollendung des ganzen Zyklus die Menschheit gemeinsam den rein spirituellen Zustand zurückerlangen – den Zustand höchster Glückseligkeit.

Solcherart sind die Aussagen der Anhänger der Reinkarnationslehre; es bleibt nun noch zu untersuchen, wie weit das *Neue Testament* sie enthält und bestätigt.

III
UNTERSUCHUNG DER SCHRIFTEN DES NEUEN TESTAMENTES

In den Schriften des *Neuen Testamentes* gibt es keine systematische Aufstellung von Lehren, kein formuliertes Glaubensbekenntnis, keine ausführliche Abhandlung irgendwelcher fundamentalen Grundsätze in Religion und Philosophie. Es gibt nur fragmentarische Erzählungen mit geringem Bemühen um eine chronologische Ordnung, kurze Gespräche und Briefe, gerichtet an Gesellschaften in verschiedenen Städten und an Einzelpersonen – und jene gänzlich mystische, dramatische Ausarbeitung, die Apokalypse oder Geheime Offenbarung, ein verschleiertes Buch mit dem Titel «Entschleierung». Aus vielen Stellen dieser Schriften wird eindeutig klar, daß die Lehren Jesu, die seinen Jüngern mündlich und geheim[2] dargelegt wurden, nur an «Auserwählte»[3] weitergegeben wurden oder an solche, die in einen geheimen Orden[4] eingeweiht waren, der Einweihungsgrade besaß, von denen Paulus vier erwähnt.[5]

Die Briefe von Paulus und anderen sind ihrer ganzen Natur nach niemals dazu bestimmt gewesen, von Menschen gelesen zu werden, die nicht zu diesem geheimen Orden gehörten: sie beschäftigten sich weitgehend mit persönlichen Angelegenheiten, manchmal von solch heikler Art, daß sie gewiß nicht für die große Allgemeinheit bestimmt waren.[6] Die einzigen darin enthaltenen Lehren aber stehen in den Ermahnungen und in der zufälligen Erläuterung von Themen, die gerade strittig waren. Nur durch sorgfältiges Studium dieses verstreuten Materials können Lehren über irgendwelche besonderen Themen zusammengestellt werden. Und wie gute Arbeit beim Zusammenfügen verstreuter Aussagen auch geleistet wird, es werden immer Lücken bleiben, die nur durch Folgerung und Analogie geschlossen werden können.

Bei der Beurteilung, wie das Thema der Reinkarnation von den Autoren dieser Schriften behandelt wurde, muß beachtet werden, daß der Glaube an die Reinkarnation zur Zeit Jesu fast universell und wesentlicher Bestandteil in allen sogenannten heidnischen Religionen war, welcher Glaube auch im *Neuen Testament* nirgendwo geleugnet, bestritten oder in Frage gestellt wird. Wo immer das Thema zur Debatte steht, wie es häufig der Fall ist, wird die Tatsache der Reinkarnation entweder stillschweigend vorausgesetzt oder eindeutig zugegeben wie im Falle des Elija. Wäre die Reinkarnation jedoch eine falsche Lehre, dann hätte sie zweifellos dieselben Anklagen erfahren, wie sie gegen Götzendienst und Zauberei[7], Naturanbetung[8], Fleischesmenschen[9], Buchstabenverehrung[10] und Materialismus[11] ausgesprochen wurden;denn es ist offensichtlich, daß vielen Lehren Jesu eine ganz andere Bedeutung zukommt, wenn Reinkarnation als Wahrheit angenommen wird. Sie ist nicht nur eine Wahrheit, die zur Gesamtsumme der anderen hinzukommt, sondern ein neuer Faktor, der die ganze Gleichung ändert.

Die Anspielungen auf Reinkarnation in den erzählenden Abschnitten des *Neuen Testamentes* sind so eng mit dem Text verwoben und so wesentlich für die Darstellung selbst, daß es notwendig ist, größere zusammenhängende Teile zu untersuchen. Wenn wir diese Stellen, soweit es uns möglich ist, in ihrer zeitlichen Folge vornehmen wollen, dann kommt als erste Aussage die von Johannes über sich selbst in Betracht:

Johannes 1,19–23 (Einheitsübersetzung)

Dies ist das Zeugnis des Johannes: Als die Juden von Jerusalem aus Priester und Leviten zu ihm sandten mit der Frage: Wer bist du?, bekannte er und leugnete nicht; er bekannte: Ich bin nicht der Messias (= Gesalbte oder Christus)[12].
Sie fragten ihn: Was bist du dann? Bist du Elija?
Und er sagte: Ich bin es nicht.
Bist du der Prophet?[13]
Er antwortete: Nein.
Da fragten sie ihn: Wer bist du? Wir müssen denen, die uns gesandt haben, Auskunft geben. Was sagst du über dich selbst?
Er sagte: Ich bin *die Stimme*, die in der Wüste ruft: *Ebnet den Weg für den Herrn!*, wie der Prophet Jesaja gesagt hat. (Jes 40,3)

Hier steht offensichtlich die Verneinung, daß Johannes nicht Elija ist. Tatsächlich aber ist es nur ein Beispiel für die vielen merkwürdigen Wortspiele, die im vierten *Evangelium* enthalten sind. Elija ist griechisch Hêlias, und Johannes weicht der an ihn gestellten Frage aus, indem er sie versteht: «Bist du die

Sonne?» Denn das griechische Wort *hêlios* = die Sonne ist kaum zu unterscheiden von Hêlias. Nun ist bildlich der Christos die Sonne; und es würde für Johannes nur natürlich sein, diese Verneinung als eine bloße Wiederholung der vorhergehenden Aussage zu machen: «*Ich* bin nicht der Gesalbte.» Daß er aber absichtlich eine ausweichende Antwort gab, wird durch die rätselhaften Worte angezeigt: «Und er bekannte und leugnete nicht; er bekannte ...», worauf eindeutige Verneinungen auf alle an ihn gestellten Fragen folgten.

Wie vollkommen natürlich es für Johannes sein könnte, die Frage mißzuverstehen, ganz gleich ob absichtlich oder nicht, wird deutlich aus der Stelle bei Maleachi, welche die Vorhersage der Rückkehr des Elija enthält und die sowohl Johannes als auch seine Befrager im Sinne gehabt haben müssen. Der Erlöser wird dort vorhergesagt im Bild der Sonne: «Euch aber, die ihr meinen Namen fürchtet, wird die Sonne der Gerechtigkeit aufgehen mit Heilung in ihren Flügeln.» (Mal 3,20) Und sofort darauf folgt die Prophezeiung, daß Elija zuerst kommen wird. Die Frage könnte also auch so aufgefaßt werden: «Bist du die Sonne der Gerechtigkeit?»

Mit der Frage: «Bist du der Prophet?» ist wahrscheinlich Jeremias gemeint gewesen, wenn auch möglicherweise Jesaja verstanden werden muß.

Ganz gleich wie sicher Johannes sich seiner eigenen Mission auch war[14], so war er dennoch nicht in der Lage, den Messias zu identifizieren, den anzukündigen er gekommen war. Noch nachdem er ins Gefängnis geworfen wurde, wird er von Matthäus und Lukas so dargestellt, als ob er zwei seiner Jünger zu Jesus schickt, um ihn fragen zu lassen, ob er der Gesalbte sei. Die folgende Stelle im vierten *Evangelium* steht offensichtlich im Widerspruch dazu:

Johannes 1,29–37 (Einheitsübersetzung)

Am Tag darauf sah er Jesus auf sich zukommen und sagte: Seht, das Lamm Gottes, das die Sünde der Welt hinwegnimmt. (Jes 53,4 und 7) Er ist es, von dem ich gesagt habe: Nach mir kommt ein Mann, der mir voraus ist, weil er vor mir war[15]. Auch ich kannte ihn nicht; aber ich bin gekommen und taufe mit Wasser, um Israel mit ihm bekanntzumachen. Und Johannes bezeugte: Ich sah, daß der Geist[16] vom Himmel[17] herabkam wie eine Taube und auf ihm blieb. Auch ich kannte ihn nicht; aber er, der mich gesandt hat, mit Wasser zu taufen, er hat mir gesagt: Auf wen du den Geist herabkommen siehst und auf wem er bleibt, der ist es, der mit dem Heiligen[18] Geist tauft. Das HABE *ich* gesehen, und ich bezeuge: Er ist der Sohn Gottes. Am Tag darauf stand Johannes wieder dort, und zwei seiner Jünger standen bei ihm. Als Jesus vorüberging, richtete Johannes seinen Blick auf ihn und sagte: Seht, das Lamm Gottes! Die beiden Jünger hörten, was er sagte, und folgten Jesus.

Man wird erkennen, daß dies nicht unvereinbar mit dem Bericht der anderen Evangelisten ist, die zeigen, daß Johannes im Zweifel ist, ob Jesus der Gesalbte ist oder nicht. Die ganze oben zitierte Stelle aus dem *Evangelium* des Johannes ist durch und durch mystisch und etwas undurchsichtig. Johannes als der Wasser-Täufer gibt zu, daß er Jesus, den Geist-Täufer, gesehen habe; aber seine einzige Möglichkeit, ihn zu identifizieren, war die magnetische Atmosphäre oder *Aura,* die ihn umgab.

Diese Aura, die hier durch das Bild einer Taube dargestellt wird, ist die «Strahlung» *(griechisch doxa),* die so häufig im *Neuen Testament* erwähnt wird, und da sie für das physische Auge nicht sichtbar ist, versteht es sich von selbst, daß Johannes von einer Vision sprach, die er gehabt hatte. Trotz seiner überzeugten Aussagen über Jesus macht er keinen Versuch, sich ihm zu nähern. Seine beiden Jünger aber, die seinen Worten unbedingt glaubten, gingen vertrauensvoll zu Jesus und blieben bei ihm. Doch Johannes wies sie nicht absichtlich auf Jesus hin; sie belauschten ihn, als er zu sich selbst sprach, und aus dem Bericht könnte man sogar entnehmen, daß er im Zustand eines Wachtraumes oder einer Trance war, jedenfalls nicht völlig seiner Umgebung bewußt. Daher rührt sein Versagen, Jesus im Wachbewußtsein zu erkennen.

Deshalb wird er hier wie auch in den synoptischen *Evangelien* als ein natürliches Medium, ein ungeübter Seher dargestellt, der unfähig ist, die beiden Welten auseinanderzuhalten: die materielle und die geistige. Das innere, unbewußte Selbst des Johannes war tatsächlich «der Geist und die Kraft des Elija», aber sein äußeres Wesen war verdunkelt und getrübt. Seine Unfähigkeit, Jesus als den Messias zu identifizieren, wird fast sarkastisch dargestellt:

Matthäus 11,2–15 (Einheitsübersetzung)

Johannes hörte im Gefängnis von den Taten Christi. Da schickte er seine Jünger zu ihm und ließ ihn fragen: Bist du der, der kommen soll, oder müssen wir auf einen andern warten? Jesus antwortete ihnen: Geht und berichtet Johannes, was ihr hört und seht: *Blinde sehen wieder,* und *Lahme* gehen; Aussätzige werden rein, und *Taube hören; Tote stehen auf*[19], und *den Armen wird das Evangelium verkündet.* Selig[20] ist, wer an mir keinen Anstoß nimmt.[21]

Als sie gegangen waren, begann Jesus zu der Menge[22] über Johannes zu reden; er sagte: Was habt ihr denn sehen wollen, als ihr in die Wüste hinausgegangen seid? Ein Schilfrohr, das im Wind schwankt? Oder was habt ihr sehen wollen, als ihr hinausgegangen seid? Einen Mann in feiner Kleidung? Leute, die fein gekleidet sind, findet man in den Palästen der Könige. Oder wozu seid ihr hinausgegangen? Um einen Propheten zu sehen? Ja, ich sage euch: Ihr habt sogar mehr gesehen als einen Propheten. Er ist der, von dem es in der Schrift heißt:

Ich sende meinen Boten vor dir her;
er soll den Weg für dich bahnen.[23]

Amen, das sage ich euch: Unter allen Menschen hat es keinen größeren gegeben als Johannes den Täufer; doch der Kleinste im Himmelreich ist größer als er. Seit den Tagen Johannes' des Täufers bis heute wird dem Himmelreich Gewalt angetan; die Gewalttätigen reißen es an sich.[24] Denn bis hin zu Johannes haben alle Propheten und das Gesetz (über diese Dinge) geweissagt. Und wenn ihr es gelten lassen wollt: Ja, er ist Elija, der wiederkommen soll[25]. Wer Ohren hat, der höre!

Markus läßt diese Begebenheit aus, aber Lukas berichtet darüber in fast den gleichen Worten wie Matthäus, bricht aber plötzlich ab und läßt den letzten Teil der Aussage Jesu weg:

Lukas 7,18–28 (Einheitsübersetzung)

Johannes erfuhr das alles von seinen Jüngern. Da rief er zwei von ihnen zu sich, schickte sie zum Herrn und ließ ihn fragen: Bist du der, der kommen soll, oder müssen wir auf einen andern warten? Als die beiden Männer zu Jesus kamen, sagten sie: Johannes der Täufer hat uns zu dir geschickt und läßt dich fragen: Bist du der, der kommen soll, oder müssen wir auf einen andern warten? Damals heilte Jesus viele Menschen von ihren Krankheiten und Leiden, befreite sie von bösen Geistern und schenkte vielen Blinden das Augenlicht. Er antwortete den beiden: Geht und berichtet Johannes, was ihr gesehen und gehört habt: *Blinde sehen wieder, Lahme* gehen, und Aussätzige werden rein; *Taube hören, Tote stehen auf,* und *den Armen wird das Evangelium verkündet.* Selig ist, wer an mir keinen Anstoß nimmt.

Als die Boten des Johannes weggegangen waren, begann Jesus zu der Menge über Johannes zu reden; er sagte: Was habt ihr denn sehen wollen, als ihr in die Wüste hinausgegangen seid? Ein Schilfrohr, das im Wind schwankt? Oder was habt ihr sehen wollen, als ihr hinausgegangen seid? Einen Mann in feiner Kleidung? Leute, die vornehm gekleidet sind und üppig leben, findet man in den Palästen der Könige. Oder was habt ihr sehen wollen, als ihr hinausgegangen seid? Einen Propheten? Ja, ich sage euch: Ihr habt sogar mehr gesehen als einen Propheten. Er ist der, von dem es in der Schrift heißt:

Ich sende meinen Boten vor dir her;
er soll den Weg für dich bahnen. (Ex 23,20; Mal 3,1; Lk 1,76; Mk 1,2)
Ich sage euch: Unter allen Menschen gibt es keinen größeren als Johannes; doch der Kleinste im Reich Gottes ist größer als er.

Daß Elija der Vorläufer des Messias sein würde, war in Maleachi 3,23 vorausgesagt worden:

Wisset wohl, ich sende euch Elija, den göttlichen Wahnsinnigen, bevor der große und offenbarte Tag des Herrn kommt.

Charakter und persönliche Eigenheiten des Johannes gleichen genau denen des Elija. Er hat aber nicht nur dieselben Charakterzüge, sondern auch seine physische Erscheinung. So wird Elija beschrieben als «ein haariger Mann, der einen Ledergürtel um die Hüften gebunden hatte»[26]; und vom Vorläufer wird gesagt: «Johannes trug ein Gewand aus Kamelhaaren und einen ledernen Gürtel um seine Hüften»[27]. Der Mensch ist in beiden Inkarnationen von derselben Gestalt: er ist groß, heftig, herausfordernd; äußerlich ein Wilder, aber innen göttlich erleuchtet; laut verkündet er seine Botschaft, aber ist selbst verschwiegen und geheimnisvoll. Als Elija mißbrauchte er sein Sehertum und seine magische Kraft: indem er sich dem Befehl des Königs widersetzt, ruft er Feuer vom Himmel herab und tötet die beiden Kompanien Soldaten, die gekommen waren, um ihn gefangenzunehmen[28]. Als Johannes mußte er dann für seine böse Tat leiden; denn seine Sehergabe wurde verdunkelt, und Nemesis verfolgte ihn in der Person der buhlerischen Herodias, die ihn enthaupten ließ. (Mt 14,3;Mk 6,17; Lk 3,19–20)

Diese teilweise Verdunkelung mit dem entsprechenden Kraftverlust wird durch die Unfähigkeit des Johannes bewiesen, selbst unterscheiden zu können, ob Jesus der Messias sei oder nicht. Gefangengenommen – zu Unrecht in dieser Inkarnation, aber vollkommen gerechtfertigt hinsichtlich der bösen Taten der früheren Inkarnation – schickt er seine Jünger zu Jesus, um nachzufragen. Aber statt eine positive Antwort zu geben, deutet Jesus nur an, daß Johannes ihn an seinen Wundertaten erkennen müsse, auch wenn die spirituelle Schau des Vorläufers verdunkelt worden sei. Und als ob er diesen Punkt unterstreichen wolle, erzählt er den Umstehenden, nicht aber den Boten des Johannes, daß Johannes *als sein*

Vorläufer «mehr als ein Prophet» sei, doch erklärt dazu, daß Johannes nur ein natürlicher Seher oder Psychiker sei und deshalb unter einem eingeweihten Seher stehe – einem, der im Himmel ist, wie Jesus sich ausdrückt.

Denn Johannes, der Elija von ehedem, nun erniedrigt und machtlos[29] geworden wegen des früheren Mißbrauchs seiner Macht, hatte nicht die Kraft, das «Königreich der Himmel» zu ergreifen. Diese letzte Phrase, *griechisch: basileia tôn ouranôn,* die typisch für Matthäus ist, kennzeichnet göttliche Seherschaft; denn *basileia* bedeutet hier nicht «Königreich», sondern «Macht zu herrschen», und die «Himmel» sind die sieben Regionen des Raumes oder sieben «Himmel» (Sternenwelten), wie gekennzeichnet durch die sieben Hierarchien von Engeln in der *Apokalypse (Offb 8,2)* und durch die Verwendung des Wortes *ouranos* wie bei Paulus im 2 Kor 12,2: «Ich kenne jemand, einen Diener Christi, der vor vierzehn Jahren bis in den dritten Himmel entrückt wurde; ich weiß allerdings nicht, ob es mit dem Leib oder ohne den Leib geschah, nur Gott weiß es.»

Denn das «offene Auge»[30] des Sehers wird zu «einem Fenster in den Raum»; er betritt nach Wunsch jede der spirituellen Welten. Johannes wird hier dargestellt als der letzte der großen Seher der alten Zeit, der die Strafe für seine Sünden erhält und nicht die Macht hat, in den Kreis der Eingeweihten einzutreten. Man spürt tiefes Mitleid in Jesu Aussage über diesen Unerkannten, Verachteten und Verfolgten: «Und wenn ihr es gelten lassen wollt: Ja, er ist Elija.» (Mt 11,14)

Als aber Herodes den Johannes hat enthaupten lassen, wird er die Beute seines anklagenden Gewissens. Er hält Jesus für den auferstandenen Johannes. Diese Einzelheit des Berichtes wird von allen drei Synoptikern gebracht, wenn auch die Darstellung etwas voneinander abweicht: *(Einheitsübersetzung)*

Matthäus 14,1–2

Zu dieser Zeit hörte der Tetrarch[31] Herodes, was man von Jesus erzählte. Er sagte zu seinem Gefolge: Das ist Johannes der Täufer[32]. Er ist von den Toten auferstanden; deshalb wirken solche Kräfte[33] in ihm.

Markus 6,14–16

Der König Herodes hörte von Jesus; denn sein Name war bekannt geworden, und man sagte: Johannes der Täufer ist von den Toten auferstanden; deshalb wirken solche Kräfte in ihm. Andere sagten: Er ist Elija. Wieder andere: Er ist ein Prophet, wie einer von den alten Propheten. Als aber Herodes von ihm hörte, sagte er: Johannes, den ich enthaupten ließ, ist auferstanden.

Lukas 9,7–9

Der Tetrarch Herodes hörte von allem, was geschah, und wußte nicht, was er davon halten sollte. Denn manche sagten: Johannes ist von den Toten auferstanden. Andere meinten: Elija ist wiedererschienen. Wieder andere: Einer der alten Propheten ist auferstanden. Herodes aber sagte: Johannes habe ich selbst enthaupten lassen. Wer ist dann dieser Mann, von dem man mir solche Dinge erzählt? Und er hatte den Wunsch, ihn einmal zu sehen.

Chymischen Lustgärtleins — C. Figur.

Die ander Würckung.

Wann sehr viel Farben/merck mich recht/
Erschienen sein/welch all nicht schlecht:
So geh ich glänzend/rein vnd pur/
Mit einem rothen Leib herfür.
In der Welt wird keiner zur frist
Gefunden/der da gleich mir ist:
Die Sonn muß sein/wie auch der Mon/
Stets meinen Händen vnterthon.
Die Gwalt der Kreutter/groß vnd klein/
Muß mir all vnterworffen sein:
Durch welch all Kranckheitten auff Erdn
Vons Menschen Leib getrieben werdn.

Abbildung 5

Lukas stellt Herodes in Zweifel und Ungewißheit dar, während Matthäus und Markus ihn die positive Aussage machen lassen, daß Jesus der von den Toten auferstandene Johannes sei, und Markus läßt ihn sogar die Aussage mit Bestimmtheit wiederholen. Diese Verhaltensweise ist bei dem Sachverhalt um so natürlicher und stellt lebhaft die abergläubische Furcht des Herodes vor dem Mann heraus, den er unschuldig zu Tode gebracht hat.

Da Johannes enthauptet worden war, konnte Herodes kaum annehmen, daß er *im selben Körper* von den Toten auferstanden sei. Noch konnten die Menschen, die behaupteten, daß Jesus Johannes der Täufer sei, angenommen haben, daß Jesus eine Reinkarnation von Johannes sei; denn die beiden haben gleichzeitig gelebt, und die Gestalt Jesu konnte nicht mit der des Johannes verwechselt werden. Die unvermeidliche Schlußfolgerung daraus ist also, daß Herodes und andere es für möglich gehalten haben müssen, daß die Seele eines Toten diejenige eines noch lebenden Menschen ersetzen könne; mit anderen Worten, daß Seelen und Körper austauschbar seien.

Im *Neuen Testament* wird häufig über Fälle berichtet, in denen die Geister oder *Gespenster* der Toten die Lebenden verfolgen oder heimsuchen. Der *daimôn,* fälschlich übersetzt als «Teufel» in der überlieferten Fassung, ist nichts mehr oder weniger als die böse, erdgebundene Seele *(psyche)* eines gestorbenen Menschen, ein Geist oder «Spuk»; und nicht nur einer, sondern viele dieser unreinen «Geister» können vom Körper eines lebenden Menschen Besitz ergreifen und auf diese Weise ihre irdische Existenz stellvertretend verlängern[34].

Es wurde auch für möglich gehalten, daß die Geister der Toten die Lebenden überschatten, beschützen oder ihnen helfen könnten[35]. Die Engel, ganz gleich ob «Schutzengel», «Boten Gottes», Herrscher der vier Elemente oder dienende Geister sind in jedem Fall die inneren Wesenheiten von Menschen[36]. Doch für vorstehenden Fall kommt keine dieser Hypothesen in Anwendung. Herodes und die anderen konnten keinen Fall von Besessenheit oder Überschattung im Sinne haben, sondern waren offensichtlich überzeugt, daß die Seele eines lebenden Menschen ihren Körper verlassen und der Körper dann von der Seele eines entkörperten Menschen in Besitz genommen werden könnte. Nach der Meinung des Herodes zeugte dies von dessen magischen Kräften; als gerade von den Toten Auferstandener hatte er noch Kontakt mit der ätherischen Welt, so daß die psychischen Kräfte sich in ihm aktivierten.

Nach dem Tode des Johannes wird das Thema wieder aufgegriffen, und in jedem der drei Synoptiker wird ihm ohne ernsthafte Widersprüche beträchtlicher Raum gegeben, aber mit deutlichen Änderungen im Detail, wobei diese drei Berichte einander ergänzen: (Einheitsübersetzung)

Matthäus 16,13–24; 17,1–13

Als Jesus in das Gebiet von Cäsarea Philippi kam, fragte er seine Jünger: Für wen halten die Leute den Menschensohn?

Sie sagten: Die einen für Johannes den Täufer, andere für Elija[37], wieder andere für Jeremia[38] oder sonst einen Propheten.

Da sagte er zu ihnen: *Ihr* aber, für wen haltet ihr mich?

Simon Petrus antwortete: Du bist der Messias, der Sohn des lebendigen Gottes! Jesus sagte zu ihm: Selig bist du, Simon Barjona[39]; denn nicht Fleisch und Blut haben dir das offenbart, sondern mein Vater im Himmel. Ich aber sage dir: Du bist Petrus, und auf diesen Felsen werde ich meine Kirche bauen, und die Mächte der Unterwelt werden sie nicht überwältigen. Ich werde dir die Schlüssel des Himmelreichs geben; was du auf Erden binden wirst, das wird auch im Himmel gebunden sein, und was du auf Erden lösen wirst, das wird auch im Himmel gelöst sein.

Dann befahl er den Jüngern, niemand zu sagen, daß er der Messias sei.

Von da an begann Jesus, seinen Jüngern zu erklären, er müsse nach Jerusalem gehen und von den Ältesten, den Hohenpriestern und den Schriftgelehrten vieles[40] erleiden; er werde getötet werden, aber am dritten Tag werde er auferstehen.

Da nahm ihn Petrus beiseite und machte ihm Vorwürfe; er sagte: Das soll Gott verhüten, Herr! Das darf nicht mit dir geschehen!

Jesus aber wandte sich um und sagte zu Petrus: Weg mit dir, Satan[41], geh mir aus den Augen! Du willst mich zu Fall bringen; denn du hast nicht das im Sinn, was Gott will, sondern was die Menschen wollen.

Darauf sagte Jesus zu seinen Jüngern: Wer mein Jünger sein will, der verleugne sich selbst, nehme sein Kreuz auf sich und folge mir nach …

Sechs Tage danach nahm Jesus Petrus, Jakobus und dessen Bruder Johannes beiseite und führte sie auf einen hohen Berg. Und er wurde vor ihren Augen verwandelt; sein Gesicht leuchtete wie die Sonne, und seine Kleider wurden blendend weiß wie das Licht. Da erschienen plötzlich vor ihren Augen Mose und Elija und redeten mit Jesus. Und Petrus sagte zu ihm: Herr, es ist gut, daß wir hier sind. Wenn du willst, werde ich hier drei Hütten[42] bauen, eine für dich, eine für Mose und eine für Elija.

Noch während er redete, warf eine leuchtende Wolke ihren Schatten auf sie, und aus der Wolke rief eine Stimme: Das ist *mein geliebter Sohn, an dem ich Gefallen gefunden habe; auf ihn sollt ihr hören.*

Als die Jünger das hörten, bekamen sie große Angst und warfen sich mit dem Gesicht zu Boden. Da trat Jesus zu ihnen, faßte sie an und sagte: Steht auf, habt keine Angst!

Und als sie aufblickten, sahen sie nur noch Jesus.

Während sie den Berg hinabstiegen, gebot ihnen Jesus: Erzählt niemand von dem, was ihr gesehen habt, bis der Menschensohn von den Toten auferstanden ist.

Da fragten ihn die Jünger: Warum sagen denn die Schriftgelehrten, zuerst müsse Elija kommen?

Er gab zur Antwort: Ja, Elija kommt, und er wird alles wiederherstellen. Ich sage euch aber: Elija ist schon gekommen, doch sie haben ihn nicht erkannt, sondern mit ihm gemacht, was sie wollten. Ebenso wird auch der Menschensohn durch sie leiden müssen.

Da verstanden die Jünger, daß er von Johannes dem Täufer sprach.

Markus 8,27–34; 9,2–13

Jesus ging mit seinen Jüngern in die Dörfer bei Cäsarea Philippi. Unterwegs fragte er die Jünger: Für wen halten mich die Menschen?

Sie sagten zu ihm: Einige für Johannes den Täufer, andere für Elija, wieder andere für sonst einen von den Propheten.

Da fragte er sie:*Ihr* aber, für wen haltet ihr mich?

Simon Petrus antwortete ihm: *Du* bist der Messias!

Doch er verbot ihnen, mit jemand über ihn zu sprechen.

Dann begann er, sie darüber zu belehren, der Menschensohn müsse vieles erleiden und von den Ältesten, den Hohenpriestern und den Schriftgelehrten verworfen werden; er werde getötet, aber nach drei Tagen werde er auferstehen. Und er redete ganz offen darüber.

Da nahm ihn Petrus beiseite und machte ihm Vorwürfe. Jesus wandte sich um, sah seine Jünger an und wies Petrus mit den Worten zurecht: Weg mit dir, Satan, geh mir aus den Augen! Denn du hast nicht das im Sinn, was Gott will, sondern was die Menschen wollen.

Er rief die Volksmenge und seine Jünger zu sich und sagte: Wer mein Jünger sein will, der verleugne sich selbst, nehme sein Kreuz auf sich und folge mir nach …

Sechs Tage danach nahm Jesus Petrus, Jakobus und Johannes beiseite und führte sie auf einen hohen Berg, aber nur sie allein.Und er wurde vor ihren Augen verwandelt; seine Kleider wurden strahlend weiß, so weiß, wie sie auf Erden kein Bleicher machen kann[43].

Da erschien vor ihren Augen Elija und mit ihm Mose, und sie redeten mit Jesus. Petrus sagte zu Jesus: Rabbi, es ist gut, daß wir hier sind. Wir wollen drei Hütten bauen, eine für dich, eine für Mose und eine für Elija.

Er wußte nämlich nicht, was er sagen sollte; denn sie waren vor Furcht ganz benommen. Da kam eine Wolke und warf ihren Schatten auf sie, und aus der Wolke rief eine Stimme: Das ist *mein geliebter Sohn; auf ihn sollt ihr hören.* Als sie dann um sich blickten, sahen sie auf einmal niemand mehr bei sich außer Jesus.

Während sie den Berg hinabstiegen, verbot er ihnen, irgend jemand zu erzählen, was sie gesehen hatten, bis der Menschensohn von den Toten auferstanden sei. Dieses Wort beschäftigte sie, und sie fragten einander, was das sei: von den Toten auferstehen. Da fragten sie ihn: Warum sagen die Schriftgelehrten, zuerst müsse Elija kommen?

Er antwortete: Ja, Elija kommt zuerst und *stellt* alles *wieder her.* Aber warum heißt es dann vom Menschensohn in der Schrift, er werde viel leiden müssen und verachtet werden? Ich sage euch: Elija ist schon gekommen, doch sie haben mit ihm gemacht, was sie wollten, wie es in der Schrift steht.

Lukas 9,18–23; 28–36

Jesus betete einmal in der Einsamkeit, und die Jünger waren bei ihm. Da fragte er sie: Für wen halten mich die Leute?

Sie antworteten: Einige für Johannes den Täufer, andere für Elija; wieder andere sagen: Einer der alten Propheten ist auferstanden.

Da sagte er zu ihnen: *Ihr* aber, für wen haltet ihr mich?

Petrus antwortete: Für den Messias Gottes.

Doch er verbot ihnen streng, es jemand weiterzusagen.

Und er fügte hinzu: Der Menschensohn muß vieles erleiden und von den Ältesten, den Hohenpriestern und den Schriftgelehrten verworfen werden; er wird getötet werden, aber am dritten Tag wird er auferstehen.

Zu allen sagte er: Wer mein Jünger sein will, der verleugne sich selbst, nehme täglich sein Kreuz auf sich und folge mir nach ...

Etwa acht Tage nach diesen Reden nahm Jesus Petrus, Johannes und Jakobus beiseite und stieg mit ihnen auf einen hohen Berg, um zu beten.

Und während er betete, veränderte sich das Aussehen seines Gesichtes, und sein Gewand wurde leuchtend weiß.Und plötzlich redeten zwei Männer mit ihm. Es waren Mose und Elija; sie erschienen in strahlendem Licht und sprachen von seinem Ende, das sich in Jerusalem erfüllen sollte.

Petrus und seine Begleiter aber waren eingeschlafen, wurden jedoch wach und sahen Jesus in strahlendem Licht und die zwei Männer, die bei ihm standen.

Als die beiden sich von ihm trennen wollten, sagte Petrus zu Jesus: Meister[44], es ist gut, daß wir hier sind. Wir wollen drei Hütten bauen, eine für dich, eine für Mose und eine für Elija.

Er wußte aber nicht, was er sagte. Während er noch redete, kam eine Wolke

Chymischen Lustgärtleins C I. Figur.

Die dritte Würckung.

Zehn Männer thun sich gar nicht schemn/
In dem sie mir mein Leben nemn:
Jedoch/wie sie vor Augen stehn/
Thun sie mit mir in Todt hnein gehn.
Sonn vnd Mon trawren beyd mit mir/
An jhr schwartzen Farb sicht mans hier:
Der Himlisch Regenbogen deutt
Ein gut zeichen der Fröligkeit.
Drumb wasche Ich die Feinde mein
Von allem Vnflat saubr vnd rein:
Endlich darauff gebühret mir/
Daß ich gantz hertzlich triumphir.

Abbildung 6

und warf ihren Schatten auf sie. Sie gerieten in die Wolke hinein und bekamen Angst.

Da rief eine Stimme aus der Wolke: *Das ist mein auserwählter Sohn, auf ihn sollt ihr hören.*

Als aber die Stimme erklang, war Jesus wieder allein. Die Jünger schwiegen jedoch über das, was sie gesehen hatten, und erzählten in jenen Tagen niemand davon.

Die von Petrus gegebene Antwort: «*Du* bist der Messias (Gesalbte), der Sohn des Lebendigen Gottes», hat eine doppelte Bedeutung. Oberflächlich ist es nur eine Aussage, daß Jesus der erwartete Messias sei, was kein Geheimnis, sondern den Jüngern und dem Volk allgemein eine wohlbekannte Tatsache war. Petrus wußte es damals schon fast drei Jahre. Das *Evangelium* des Johannes ist in diesem Punkt eindeutig, als es darüber berichtet, wie die Jünger von Jesus erwählt wurden:

Johannes 1,40–45, 49

Andreas, der Bruder des Simon Petrus, war einer der beiden, die das Wort des Johannes gehört hatten und Jesus gefolgt waren. Dieser traf zuerst seinen Bruder Simon und sagte zu ihm: Wir haben den Messias gefunden. Messias heißt übersetzt: der Gesalbte (Christus). Er führte ihn zu Jesus. Jesus blickte ihn an und sagte: Du bist Simon, der Sohn des Johannes, du sollst Kephas heißen. Kephas bedeutet: Fels (Petrus).

Am Tag darauf wollte Jesus nach Galiläa aufbrechen; da traf er Philippus. Und Jesus sagte zu ihm: Folge mir nach! Philippus war aus Betsaida, dem Heimatort des Andreas und Petrus.

Philippus traf Natanaël und sagte zu ihm: Wir haben den gefunden, über den Mose im Gesetz und auch die Propheten geschrieben haben: Jesus aus Nazaret, den Sohn Josefs ...

Natanaël antwortete ihm: *Rabbi, du* bist der Sohn Gottes, *du* bist der König von Israel!

Die von Jesus gestellte Frage war gleichbedeutend mit: «Von wem sagst *du*, daß ich die Reinkarnation bin?» Wenn die Antwort des Petrus nur auf die Messiasschaft bezogen wäre, würde sie ausweichend und unwürdig der Belobigung sein, die er für seinen mentalen Scharfsinn erhielt. Noch auch wären Jesu Worte wahr gewesen; denn «Fleisch und Blut» in der Person des Andreas *hatten* Petrus Jahre vorher enthüllt, daß Jesus der Gesalbte war, und diese Tatsache war kein Geheimnis mehr, sondern eine Angelegenheit ganz normaler Berichterstattung[45]. Doch ist die wahre Bedeutung der Antwort des Petrus ganz offen: sie ist eine Bestätigung, daß JESUS

KÖNIG DAVID WAR. Diese Anschauung wird durch andere Stellen im *Neuen Testament* hinreichend gestützt. Wie von Johannes vor seiner Geburt vorhergesagt wurde, er sei Elija, so wurde Jesus vorangekündigt als David. Das Versprechen des Engels Gabriel an Zacharias lautete wie folgt:

Lukas 1,13–17

Deine Frau Elisabet wird dir einen Sohn gebären; dem sollst du den Namen Johannes geben. Große Freude wird dich erfüllen, und auch viele andere werden sich über seine Geburt freuen. Denn er wird groß sein vor dem Herrn. *Wein und andere berauschende Getränke wird er nicht trinken,* und schon im Mutterleib wird er vom Heiligen Geist erfüllt sein. Viele Israeliten wird er zum Herrn, ihrem Gott, bekehren. Er wird mit dem Geist und mit der Kraft des Elija dem Herrn vorangehen.

Daß Johannes – in der Gegenwart Gottes – «im Geist und in der Kraft des Elija» war, kann keine andere Bedeutung haben, als daß das innere Selbst des Elija in Johannes inkarniert wurde.

Die Verkündigung des Jesus durch den Engel Gabriel an Maria ist folgende:

Lukas 1,31–33

Du wirst ein Kind empfangen, einen Sohn wirst du gebären: dem sollst du den Namen Jesus geben. Er wird groß sein und Sohn des Höchsten genannt werden. Gott, der Herr, wird ihm *den Thron* seines Vaters *David* geben. Er wird über das Haus Jakob *in Ewigkeit* herrschen, und *seine Herrschaft* wird kein Ende haben.

Da Gabriel ein Engel war, mag ihm verziehen werden, daß er wie ein eingeweihter antiker Priester sprach; doch auch in der Sprache der Sterblichen ist seine Aussage klar genug. In mystischen Schriften ist es ein übliches Sprachbild, auf einen Menschen als den «Sohn» einer seiner vorangegangenen Inkarnationen hinzuweisen, der sein «Vater» in dem Sinne ist, daß die Vergangenheit die Gegenwart hervorbringt. Es ist merkwürdig, in diesem Zusammenhang festzustellen, daß Matthäus, der die Vorfahren Jesu von Abraham hinunter bis zu «Josef, dem Mann der Maria, von der Jesus geboren wurde»[46], angibt, ebenfalls vollkommen klar sagt, daß Josef *nicht* der Vater von Jesus war[47]; und Lukas, der eine etwas andere Genealogie bringt, die ganz zurück bis Adam reicht, spricht von Jesus als der «angebliche» *(griechisch: enomizeto)* Sohn des

Josef und weist nach, daß er tatsächlich nicht dessen Sohn[48] war.

Dadurch beweist die Genealogie des Josef nichts, soweit es sich um Jesus handelt; und wenn man die beiden Evangelisten nicht als äußerst dumm beurteilen will, weil sie einen solch schicksalsschweren Mangel in der Beweisführung nicht entdeckt haben, muß zugegeben werden: sie haben gar nicht berichten wollen, daß Jesus in gerader Linie von Abraham durch bloße physische Vererbung abstamme; mit anderen Worten: daß es ihnen um die Genealogie der Seelen, nicht der Körper ging. Letztere dürften ja wohl *alle* von Adam abstammen.

Nebeneinandergestellt sind die beiden Verkündigungen leicht zu verstehen. Wie Johannes in Gottes Gegenwart «im Geist und in der Kraft des Elija» kommen sollte, so wurde Jesus der «Thron Davids» gegeben, das heißt, er sollte den Platz Davids in der spirituellen Welt einnehmen, weil der Geist oder das wahre Selbst Davids sich in ihm inkarnieren würde. Paulus verwendet das Wort «Thron» in genau der gleichen Bedeutung, wenn er spricht von den Dingen «im Himmel und auf Erden: das Sichtbare und das Unsichtbare, Throne und Herrschaften, Mächte und Gewalten»[49], womit er fraglos auf Hierarchien geistiger Wesenheiten hinweist.

Weiterhin gab Jesus selbst deutlich zu verstehen, daß er nicht der Sohn Davids in einem materiellen Sinne sei, wie folgende Stellen beweisen:

Matthäus 22,41–45

Danach fragte Jesus die Pharisäer, die bei ihm versammelt waren: Was denkt ihr über den Messias? Wessen Sohn ist er?

Sie antworteten ihm: Der Sohn Davids.

Er sagte zu ihnen: Wie kann ihn dann David, vom Geist (Gottes) erleuchtet, «Herr» nennen? Denn er sagt: *Der Herr sprach zu meinem Herrn: Setze dich mir zur Rechten, und ich lege dir deine Feinde unter die Füße*[50]. Wenn ihn also David «Herr» nennt, wie kann er dann Davids Sohn sein?

Markus 12,35–37

Als Jesus im Tempel lehrte, sagte er: Wie können die Schriftgelehrten behaupten, der Messias sei der Sohn Davids? Denn David hat, vom Heiligen Geist erfüllt, selbst gesagt: *«Der Herr sprach zu meinem Herrn: Setze dich mir zur Rechten, und ich lege dir deine Feinde unter die Füße*. David selbst also nennt ihn «Herr». Wie kann er dann Davids Sohn sein?

Lukas 20,41–44

Da fragte er sie: Wie kann man behaupten, der Messias sei der Sohn Davids? Denn David selbst sagt im Buch der Psalmen: *Der Herr sprach zu meinem Herrn: Setze dich mir zur Rechten, und ich lege dir deine Feinde als Schemel unter die Füße.* David nennt ihn also «Herr». Wie kann er dann Davids Sohn sein?

Als ob Matthäus die spirituelle Unwissenheit der Pharisäer betonen wollte, denen Jesus dieses Problem vorlegt, fügt er hinzu: «Niemand konnte ihm darauf etwas erwidern.» Wenn auch Jesus ihnen keine Erklärung gab, so ist die Lösung doch sehr einfach. David nannte sein eigenes spirituelles Selbst seinen Meister, und da dasselbe Selbst in Jesus inkarnierte, war er gleichermaßen der «Sohn» dieses Meisters und der «Sohn Davids». Wenn das wahre Selbst Davids ein anderes als das von Jesus war, könnte letzterer im mystischen Sinne des Wortes nicht Davids Sohn sein; auch stammte er nicht körperlich von ihm ab außer durch Maria; doch es wird nirgendwo in den *Evangelien* ausgesagt oder auch nur angedeutet, daß Maria ein Nachkomme Davids war.

Das Zeugnis der *Apokalypse* über diese Identität von David und Jesus ist deutlich:

Offenbarung 3, 7–8 und 12

So spricht der Heilige, der Wahrhaftige, der *den Schlüssel Davids* hat, *der öffnet, so daß niemand mehr schließen kann, der schließt, so daß niemand mehr öffnen kann* ... Ich habe vor dir eine Tür geöffnet, die niemand mehr schließen kann ... Wer siegt, den werde ich zu einer Säule im Tempel meines Gottes machen, und er wird immer darin bleiben.

Hier ist der «Schlüssel Davids» die Macht, die beiden Welten zu verbinden, die Tür dazwischen nach seinem Willen zu öffnen oder zu schließen; und diese «offene Tür» führt zur endgültigen Befreiung von der Reinkarnation, so daß die befreite Seele «nicht mehr hinausgehen» muß in die materielle Welt. Durch die Mühen und das Leiden vieler Erdenleben erreicht der Mensch die Vollkommenheit (Mt 5,48); dann steigt er durch die offene Tür aus dem menschlichen Königreich in das Königreich der Unsterblichen empor.

Immer wieder wird in dieser großartigen *Apokalypse*, dem Buch der Entschleierung, folgender Triumphgesang angestimmt:

Offenbarung 1,17–18

Ich bin der Erste und der Letzte und der Lebendige. Ich war tot, doch nun lebe ich in alle Ewigkeit, und ich habe die Schlüssel zum Tod und zur Unterwelt.

Offenbarung 22,16

Ich, Jesus, habe meinen Engel gesandt als Zeugen für das, was die Gemeinden[51] betrifft. Ich bin die Wurzel und der Nachkomme Davids, der strahlende Morgenstern[52].

Das Bild könnte kaum deutlicher sein. Die «Wurzel» Davids ist das immerwährende Selbst, das vor dem Abstieg in die Zyklen oder Äonen der Menschwerdung der «Erste» war, der archetypische Mensch; dagegen ist der «Nachkomme» der «Letzte», der vollkommene Mensch, der triumphierend aus den Sphären des Werdens emporgestiegen ist, um mit vermehrtem Wissen und größerer Kraft in das Königreich des wahren Seins zurückzukehren. Paulus erklärt diese Evolution des vollkommenen Menschen sehr einleuchtend, wie z. B. in den folgenden Stellen:

Hebräer 2,10

Denn es war angemessen, daß Gott, für den und durch den das All ist und der viele Söhne zur Herrlichkeit führen wollte, den Urheber ihres Heils durch Leiden vollendete[53].

Chymischen Lustgärtleins

C II. Figur.

Die vierdte Würckung.

Damit verstehn mag menniglich/
Welch mein tugent sey/wie mächtig:
So vergelt ich mein schaden bloß
Mit meinem Reichthumb/der sehr groß.
Wiewol die Rappen/nach vnd fern/
Feindselg die todten Cörpr verzehrn:
Jedoch so bleibet allermeist
Bestendig beides Seel vnd Geist.
Die zwey vereing ich mir zu hauff/
Was flüchtig ist/fix mach ich drauff:
Auff daß da könn ein jederman
Meiner Händ arbeit schawen an.

Abbildung 7

Römer 8,28–30

Wir wissen, daß Gott bei denen, die ihn lieben, alles zum Guten führt, bei denen, die nach seinem ewigen Plan berufen sind; denn alle, die er im voraus[54] erkannt hat, hat er auch im voraus dazu bestimmt, an Wesen und Gestalt seines Sohnes teilzuhaben, damit dieser der Erstgeborene von vielen Brüdern sei[55]. Die aber, die er vorausbestimmt hat, hat er auch berufen, und die er berufen hat, hat er auch gerecht gemacht; die er aber gerecht gemacht hat, die hat er auch verherrlicht.

Hier wird Jesus so dargestellt, als ob er sich von den vielen Söhnen und Brüdern nur dadurch unterscheidet, daß er älter und ein Vorbild für die anderen ist. Wie die übrigen wird er «vollendet durch Leiden», und alle gehen gleicherweise in die göttliche Verherrlichung ein, wenn sie das richtige Verhalten erreicht haben.

Daß Paulus nicht die vorherbestimmte Erlösung einiger ungerechterweise Bevorzugter im Sinne hatte, sondern die ordnungsgemäße Evolution von Seelenhierarchien gemäß einem göttlichen Plan, ergibt sich klar aus seinem Argument gegen jeglichen Gedanken an Gottes Ungerechtigkeit in diesem Zusammenhang[56], wie auch aus seiner Erklärung über den Plan oder das Ziel der Äonen, wobei Paulus sich selbst kühn als einen Hierophanten hinstellt und seine Mission wie folgt verkündet:

Epheser 3,9–11

Ich soll enthüllen, wie jenes Geheimnis Wirklichkeit geworden ist, das von Ewigkeit her in Gott, dem Schöpfer des Alls, verborgen war. So sollen jetzt die Fürsten und Gewalten der himmlischen Wesen[57] durch die Gemeinden Kenntnis erhalten von der vielfältigen Weisheit Gottes, nach seinem ewigen Plan, den er durch Christus Jesus, unseren Herrn, ausgeführt hat.

Solche Sprache wäre sinnlos, wenn sie nicht auf viele Inkarnationen durch die Äonen oder Evolutionsperioden angewandt würde, wobei die Hierarchien der Seelen ihre Führer und Mächte haben, alle gemäß einem einzigen Plan zusammenarbeiten und nach einem vorbestimmten Ziel streben.

Jesus wird auch «der Same Davids»[58] und «der Same Abrahams» genannt. Als Erklärung der Versprechen Gottes an Abraham[59] hat Paulus folgendes zu sagen:

Galater 3,16

Abraham und seinem Samen (=Nachkommen) wurden die Verheißungen zugesprochen. Es heißt nicht «und seinen Samenkörnern», als wären viele gemeint, sondern es wird nur von einem gesprochen: «und deinem Samen»; das aber ist Christus.

Wenn mit «Same» die lebendige, reproduzierende Energie der Seele[60] gemeint ist, so würde daraus folgen, daß Abraham, David und Jesus getrennte Inkarnationen ein und desselben Individuums waren.

Deshalb ist es eine berechtigte Schlußfolgerung, daß Petrus mit den Worten: «*Du* bist der Gesalbte, der Sohn des lebendigen Gottes» auf Jesus mit besonderer Bedeutung den Titel des David, des Krieger-Königs, anwandte, der war «der Gesalbte des Gottes von Jakob und der gütige Psalmist von Israel», mit dem Gott «einen Bund für alle Zeiten geschlossen»[61] hat, und daß sein Jünger in Jesus das Versprechen erfüllt sah, das Gott in den alten Zeiten gegeben hatte:

Apostelgeschichte 15,16

Danach werde ich mich umwenden
und die zerfallene Hütte[62] Davids wieder aufrichten;
ich werde sie aus ihren Trümmern wieder aufrichten
und werde sie wiederherstellen[63].

Als Antwort redet Jesus den Petrus als «Bar-Jona» (Mt 16,17) oder «Sohn des Jona» an, welcher Ausdruck im Licht des Zusammenhangs als ein Hinweis darauf betrachtet werden kann, daß Petrus der reinkarnierte Jona war; als Petrus Jesus mit David identifiziert hatte, wurde er entsprechend durch diese Auskunft über sich selbst belohnt. Daß er ein «Fels» genannt wurde, ist nur eine mystische Anspielung auf seine Sehergabe, die er gerade unter Beweis gestellt hatte; denn dieser «Fels» *(griechisch petros = Stein)* ist der «Stein der Philosophen», Symbol der inneren, spirituellen Schau; er ist außerdem identisch mit dem «weißen Stein» *(psêphos)*, den Jesus in der *Apokalypse* dem «Sieger» verspricht[64].

Deshalb wurden Petrus die «Schlüssel des Königreichs der Himmel» versprochen; ihm sollte die Macht gegeben werden, die unteren und die oberen Welten zu verbinden. Die Anspielung auf die «Tore der Unterwelt» weist auf die Reinkarnation hin; denn dies sind die Tore, durch welche die Seelen zur Erde gehen und von ihr zurückkommen. Porphyrius (234–305) hat viel über diese Tore geschrieben, welche die Tierkreiszeichen Krebs und Steinbock sind: «Theologen sagen darüber, daß Krebs das Tor sei, durch welches die Seelen absteigen, und Steinbock dasjenige, durch welches sie aufsteigen.»[65] Macrobius (lebte um 400 n. Chr.) berichtet ebenfalls, daß die Seelen, «wenn sie anfangen, in irdische Körper zu fallen», sich im Krebs befinden. Um dieses Geheimnis zu erhellen, bringt er viele aufschlußreiche Einzelheiten über die Ursachen zur Reinkarnation und die Mittel zur Befreiung davon, wobei die Seele, «wenn sie – sobald sie es verdient hat, von der Anstekkung durch die Laster völlig befreit, gereinigt zu werden – wiederum aus dem Körper, zu ihrer ursprünglichen Unversehrtheit wiederhergestellt, zum Licht des ewigen Lebens zurückkehrt.»[66]

Der Charakter des Petrus, wie er in den *Evangelien* dargestellt wird, ist sicherlich der des Jona; er ist einfach *Jona redivivus (der wiedererstandene Jona).* Dies ist so einfach zu erkennen, weil der Charakter dieses Mannes so sehr ausgeprägt und ganz außergewöhnlich ist. Deshalb ist es aufschlußreich, die beiden Persönlichkeiten zu vergleichen.

Die Geschichte des Jona ist eines der Meisterwerke der antiken Literatur. Bei der Haarspalterei über das Vorkommnis mit dem Fisch haben die Kritiker im allgemeinen die homerische Strenge und Schönheit der Erzählung als Ganzes wie auch deren kunstvolle Gegensätze von rauhem Humor und poetischer Größe, desgleichen die dramatische Kraft und Leidenschaft ihres Schlusses übersehen. Es geht um folgendes (Jona 1–4):

Das «Wort des Herrn» befahl Jona, sich zu erheben, nach Ninive zu gehen und «zu schreien gegen» diese große Stadt wegen ihrer Bosheit. Aber der ungehorsame Prophet «erhob sich» und versuchte, vor der Gegenwart des Herrn zu fliehen, indem er nach Tarshish ging – offensichtlich in der Annahme, daß diese Stadt nicht zum Bereich des Herrn gehöre.

In Joppa «fand er ein Schiff, das nach Tarshish fuhr; deshalb zahlte er das Fahrgeld dafür und ging hinein, um mit ihnen nach Tarshish zu fahren, weg von der Gegenwart des Herrn.» Aber der Herr war durch seinen widerspenstigen Propheten nicht so leicht zu übertölpeln, und der folgende Kampf zwischen dem mächtigen Herrn und dem listigen Jona wird mit titanischem Humor erzählt.

«Der Herr sandte einen großen Wind auf das Meer, und es gab einen starken Sturm auf dem Meer, so daß das Schiff nahezu zerbrach.» Die erschreckten Schiffsleute «riefen jeder zu seinem Gott und warfen die Waren, die im Schiff waren, über Bord, um es davon zu erleichtern» – während Jona im Zwischendeck «fest schlief». Da trat der Schiffsherr zu dem schlafenden Propheten und schalt ihn, weil er nicht auch zu seinem Gott betete.

Als man dann das Los warf, um herauszufinden, wer die Ursache für den Zorn Gottes sei, «fiel das Los auf Jona», der sofort zugab, daß er mit seinem Gott auf schlechtem Fuße stehe, und ihnen heroisch riet, ihn über Bord zu werfen, damit das Meer wieder ruhig werde. Doch die Seeleute wollten kein so drastisches Mittel anwenden und von Jona moralischen Seewurf machen; so «ruderten sie hart», um das Schiff an Land zu bringen; «aber sie konnten es nicht; denn das Meer wütete und war stürmisch gegen sie.»

So beteten sie zu seinem Gott, er möge kein unschuldiges Blut über sie bringen, da es ja zum eigenen Vergnügen des Herrn geschehe – und über Bord ging Jona. Da «hörte das Meer auf zu wüten», und so tief waren die Seeleute von der offensichtlichen Übermacht von Jonas Gott über ihren eigenen beeindruckt, daß sie «dem Herrn ein Opfer darbrachten und Gelübde ablegten. Nun aber hatte der Herr einen großen Fisch angewiesen, um Jona zu verschlingen. Und Jona war im Bauch des Fisches drei Tage und drei Nächte.» Das Gebet des unerschrockenen Propheten, das «dem Herrn seinem Gott» mit einer inneren Kehrtwendung dargebracht wurde, ist ein Prachtstück an listiger Liebedienerei und vorzüglicher poetischer Bildhaftigkeit:

Ich rief aus meiner Bedrängnis zum Herrn, und er hörte mich; aus dem Schoß der Hölle rief ich, und du hast meine Stimme gehört. Denn du hattest mich in die Tiefe geschleudert, mitten ins Meer hinein; und die Fluten umschlossen mich; alle deine Wogen und Wellen fuhren über mich dahin. Schon sagte ich: Verstoßen bin ich von deinem Angesicht; doch ich will wieder hin zu deinem heiligen Tempel schauen. Die Wasser umgaben mich und gingen mir bis an die Seele; die Tiefen umschlossen mich ganz, *Seegras hatte sich mir ums Haupt geschlungen; zu den Wurzeln der Berge war ich hinabgefahren;* die Riegel der Erde hatten sich auf ewig hinter mir geschlossen: doch hast du mein Leben aus der Grube heraufgeholt, Herr mein Gott! Als meine Seele in mir verzagte, da gedachte ich des Herrn, und zu dir drang mein Gebet, in deinen heiligen Tempel. Die sich an nichtige Götzen halten, verlassen den, bei welchem das Heil für sie liegt. Ich aber will dir laute Danksagung als Opfer darbringen, ich will dir bezahlen, was ich gelobt habe. Rettung kommt vom Herrn! (Jona 2,2–11)

Der Herr konnte solch feiner Schmeichelei nicht widerstehen; er «sprach zu dem Fisch, und dieser spuckte Jona aus auf das trockene Land.» Kaum zu verwundern, daß der Prophet, als «das Wort des Herrn an Jona zum zweiten Mal erging», sich nicht länger seiner Pflicht entzog, sondern seine Mission mit lobenswerter Gründlichkeit durchführte.

«Nun war Ninive eine sehr große Stadt, deren Durchwanderung drei Tagereisen erforderte;» doch bevor Jona sein erstes Tagewerk des Durchquerens erledigt hatte, war bereits die ganze Stadt durch seine unerschütterliche Vorhersage erschreckt: «Noch vierzig Tage, und Ninive wird vernichtet sein.» Sogar der König legte Sackleinen an, und durch königliche Anordnung mußten alle Menschen und Tiere mit Sackleinen bedeckt werden und durften weder essen noch Wasser trinken, sondern mußten «mächtig zum Herrn rufen» und «jeder ablassen von seinem bösen Wege». Und «Gott tat das Unheil leid, das er ihnen angedroht hatte; und er ließ es nicht eintreten.»

Aber Jona, der vergessen hatte, daß die gleiche Milde gegen ihn geübt worden war, und nur daran dachte, daß seine Voraussage nicht eingetroffen war, wurde zum zornigsten Propheten in Israel. Er hatte die Schande philosophisch ertragen, vom tiefen Meer überflutet und von dem großen Fisch verschlungen zu werden, aber er beklagte sich bitter wegen der Nichterfüllung seiner Prophezeiung, was seine Berufsehre verletzte. Er schalt den Herrn wegen seiner Sanftmütigkeit, doch nutzte er listig diese neue Wendung der Angelegenheit aus, um sich zu entlasten, indem er behauptete, er sei deshalb nach Tarshish geflohen, weil er gewußt habe, daß der Herr sicher verzeihen und dadurch ihn als Propheten in Mißkredit bringen würde. Er bedrängte den Herrn, sein Leben zu nehmen, indem er sagte: «Es ist besser für mich, zu sterben als zu leben.» In seiner Halsstarrigkeit ging er hinaus «und setzte sich an der Ostseite der Stadt nieder, und er machte sich ein

Zelt und saß darunter im Schatten, damit er sehen könne, was aus der Stadt werden würde.»

Doch der Herr hatte einen weiteren Denkzettel für seinen eigensinnigen Propheten bereit. Er entwickelte zu diesem Zweck viele Dinge, so wie er den großen Fisch «präpariert» hatte. Da «ließ er eine Rizinusstaude aufschießen und über Jona emporwachsen, damit dieser seinem Haupte Schatten biete und ihn von seinem Unmut befreie; und Jona hatte große Freude an dem Rizinus.» Dann «bereitete er einen Wurm, als die Morgenröte am nächsten Tag aufging; der fraß den Rizinus an, so daß dieser verdorrte.»

Und als die Sonne aufging, «bereitete er heftigen Ostwind; und die Sonne stach Jona aufs Haupt, daß er ohnmächtig wurde und in sich zu sterben wünschte.» Aber er blieb weiterhin zornig und trotzig, und der Herr wies ihn zurecht, indem er eine eindrucksvolle Lehre aus dem Denkzettel zog, den er ihm gerade erteilt hatte: «Du hast Mitleid mit dem Rizinus gehabt, für den du nicht gearbeitet hattest, noch ließest du ihn wachsen ... Und ich sollte nicht Ninive schonen, jene große Stadt, in der mehr als hundertzwanzigtausend Menschen leben, die nicht zwischen rechts und links unterscheiden können, dazu auch eine Menge Vieh?»

Petrus ist der gleiche eigensinnige, selbstbewußte, kämpferische, listige, aber unbesonnene Mensch[67]. Er spricht immer als erster der übrigen Jünger, oft plump und unpassend[68], wie z. B. bei seinem lächerlichen Angebot, Hütten für die spirituellen Besucher zu bauen. Er hat den unbezähmbaren Mut des Jona, und die Verleugnung seines Meisters geschah sicherlich nicht aus Feigheit, sondern aus dem Wunsch, sich aus einer üblen Situation herauszuwinden, indem er die Wahrheit opferte. Wie Jona konnte er mit seinem Gewissen jonglieren und Entschuldigungen erfinden.

Paulus brandmarkt ihn offen als einen Heuchler: «Als Petrus (Kêphas) aber nach Antiochien gekommen war, bin ich ihm offen entgegengetreten, weil er sich ins Unrecht gesetzt hatte ... Ebenso unaufrichtig wie er verhielten sich die anderen Juden, so daß auch Barnabas durch ihre Heuchelei verführt wurde.»[69]

Es sollte darum nicht zu sehr betont werden, daß Petrus «die Schlüssel des Königreichs der Himmel» hat; denn als Seher wurde er bald von Johannes überflügelt, «dem Jünger, den Jesus liebte»[70] und in welchem man leicht Jonathan erkennen kann, den Sohn des Saul, der «von David sehr geliebt» wurde[71] und von dem geschrieben steht:«Die Seele Jonathans wurde mit der Seele Davids verbunden ... Da schloß Jonathan einen Bund mit David, weil er ihn liebte wie seine eigene Seele.»[72] Petrus ist tatsächlich zu ernst genommen worden. Er war in Wirklichkeit der Clown unter den Zwölfen, so wie Jona den Clown unter den alten Propheten gespielt hat.

Daß die Jünger nicht bei vollem Bewußtsein waren, als sie die «Vision» von Mose und Elija hatten, kann aus der Darstellung dieses Ereignisses geschlossen werden: sie hielten sich offensichtlich für hellwach, aber befanden sich dennoch in einem Wachtraumzustand. Die Erscheinung von Mose und Elija und die Verklärung Jesu sind Beispiele für den ewigen spirituellen Körper, den *Augoeidês* oder die «lichtgleiche Form», die durch die Äonen fortbesteht und wovon der physische Körper nur der zeitliche irdische Schatten ist. Nach dieser Szene der Verklärung gibt Jesus wieder die Erklärung ab, daß Elija in der Person des Johannes gekommen sei. Da Johannes enthauptet worden war und sie doch gerade Elija im spirituellen Körper gesehen hatten, folgt daraus, daß das «Kommen» des letzteren eine Reinkarnation und nicht nur eine Rückkehr im Geiste war. Das wahre Selbst des Menschen wird als ewig lebend betrachtet, ob nun inkarniert oder exkarniert. So lautet die unmißverständliche Lehre Jesu wie folgt:

Matthäus 22,31–32

Habt ihr im übrigen nicht gelesen, was Gott euch über die Auferstehung der Toten mit den Worten gesagt hat: *Ich bin der Gott Abrahams, der Gott Isaaks und der Gott Jakobs?*[73] Er ist doch nicht der Gott der Toten, sondern der Gott der Lebenden.

Markus 12,26–27

Daß aber die Toten auferstehen, habt ihr das nicht im Buch des Mose gelesen, in der Geschichte vom Dornbusch, in der Gott zu Mose spricht: *Ich bin der Gott Abrahams, der Gott Isaaks und der Gott Jakobs?* Er ist doch nicht ein Gott von Toten, sondern von Lebenden. Ihr irrt euch sehr.

Lukas 20,37–38

Daß aber die Toten auferstehen, hat schon Mose in der Geschichte vom Dornbusch angedeutet, in der er den Herrn *den Gott Abrahams, den Gott Isaaks und den Gott Jakobs* nennt. Er ist doch kein Gott von Toten, sondern von Lebenden; denn für ihn sind alle lebendig.

Dieses unsterbliche Selbst ist immer in der spirituellen Welt, auch wenn es inkarniert ist; das materielle Selbst ist sozusagen eine Spiegelung davon. Deshalb spricht Jesus von seinem Aufstieg und Abstieg:

Johannes 3,13

Und niemand ist in den Himmel aufgestiegen außer dem, der vom Himmel herabgestiegen ist: der Menschensohn.

Johannes 6,62

Was werdet ihr sagen, wenn ihr den Menschensohn dorthin aufsteigen seht, wo er vorher war?

Über seine eigene Inkarnation sagt er:

Johannes 6,38–39

Ich bin nicht vom Himmel herabgekommen, um *meinen* Willen zu tun, sondern den Willen dessen, der mich gesandt hat. Es ist aber der Wille dessen, der mich gesandt hat, daß ich keinen von denen, die er mir gegeben hat, zugrunde gehen lasse, sondern daß ich sie auferwecke am Letzten Tage.

Chymischen Lustgärtleins

Die fünffte Würckung.

Vnter einr Königin Gestalt
Steh ich vom Grab auff/mit Gewalt.
Vnd bringe meinen Brüdern gut
Frölich Bottschafft/mit gutem Muth.
Mich Braut hat mein Breuttigam schön
Zu euch selbst heissen hieher gehn:
Auff daß ich ja mit meinen Gabn
Euch trawrig Hertzen mög erlabn.
Mit danckbarm Gmüt vnd rechter zier
Nembt diese weisse Cron von mir:
Biß daß Apollo lobesan
Auß seinem Grab wird aufferstahn.

CIII. Figur.

Abbildung 8

Abbildung 9

Abbildung 10

Seine Inkarnation war also freiwillig; als ein Bewußt-Unsterblicher war er frei vom «Rad der Geburt» und verweilte in der niedrigeren Welt nur, um andere zu retten. Paulus spricht von ihm als «unserem Vorläufer, der nach der Ordnung Melchisedeks Hoherpriester ist auf ewig»[74] und sagt von dem letzteren, daß er war «König der Gerechtigkeit und auch König von Salem, das heißt König des Friedens; der *ohne Vater, ohne Mutter und ohne Stammbaum ist, ohne Anfang seiner Tage und ohne Ende seines Lebens». (Hebr 7,2–3)*[75] Und er erklärt prachtvoll die Mission des Jesus:

Hebräer 7,21 und 23–25

Der Herr hat geschworen, und nie wird es ihn reuen: *Du* bist Priester durch den ganzen Äon ... Auch folgten dort viele «Priester» (= Vermittler für die Lebenden oder «Schutzengel») aufeinander, weil der Tod sie hinderte zu bleiben; er aber hat, weil er durch den ganzen Äon bleibt, ein unvergängliches Priestertum. Darum kann er auch die, die durch ihn vor Gott hintreten, für immer retten; denn er lebt allezeit, um für sie einzutreten.

Dieses fortwährende Leben, die bewußte Einheit mit dem ewigen Selbst, wird seinen Jüngern von Jesus versprochen:

Johannes 14,2–3

Im Haus meines Vaters gibt es viele Bleiben[76]. Wenn es nicht so wäre, hätte ich euch dann gesagt: Ich gehe, um einen Platz für euch vorzubereiten? Wenn ich gegangen bin und einen Platz für euch vorbereitet habe, komme ich wieder und werde euch zu mir holen, damit auch ihr dort seid, wo *ich* bin.

Hier sind die «vielen Bleiben» die Ruheplätze, welche die Seele in der spirituellen Welt zwischen den Inkarnationen hat. In diesem Zusammenhang wird ein merkwürdiger Vorfall berichtet:

Johannes 1,48–51

Natanaël fragte ihn: Woher kennst du mich? Jesus antwortete ihm: Schon bevor dich Philippus rief, habe ich dich unter dem Feigenbaum gesehen. Natanaël antwortete ihm: Rabbi, *du* bist der Sohn Gottes; *du* bist der König von Israel.

Jesus antwortete ihm: Du glaubst, weil ich dir sagte, daß ich dich unter dem Feigenbaum sah? Du wirst noch Größeres sehen. Und er sprach zu ihm: Amen, amen, ich sage euch: Ihr werdet den Himmel geöffnet und die Engel Gottes auf- und niedersteigen sehen über dem Menschensohn.

Die Worte «unter dem Feigenbaum» können bedeuten: «bevor du geboren wurdest»;[77] das Symbol ist das der reifen Frucht, die unter dem Blatt verborgen ist. Im Zusammenhang damit ist die Aussage über die Engel (= Seelen), die «auf- und niedersteigen», äußerst bedeutungsvoll. (Abb. 9 und 10)

Jakobus erklärt, daß die Ursache für die Wiedergeburt das Verlangen danach sei, die Begierde nach einem leichtfertigen Leben, die er mit einer lüsternen Frau vergleicht:

Jakobus 1,13–15

Keiner, der in Versuchung gerät, soll sagen: Ich werde von Gott in Versuchung geführt. Denn Gott kann nicht in die Versuchung kommen, Böses zu tun, und er führt auch selbst niemand in Versuchung. Jeder wird von seiner eigenen Begierde, die ihn lockt und fängt, in Versuchung geführt. Wenn die Begierde dann schwanger geworden ist, bringt sie die Sünde zur Welt; ist die Sünde reif geworden, bringt sie den Tod hervor.

Mit «Tod» wird die materielle Existenz gemeint in einem bildlichen Sinn, wie auch Heraklit (um 550–480 v. Chr.) von entkörperten Seelen spricht: «Wir leben ihren Tod und sterben ihr Leben.» (Fragmente 62)
Ähnlich wird Sokrates in Platons *Gorgias (492e)* dargestellt, wenn er sagt: «Ich würde mich nicht wundern, wenn Euripides (etwa 484–406 v. Chr.) die Wahrheit sagt, da er spricht: ‹Wer weiß, ob leben nicht sterben und sterben nicht leben ist?› Und wir sind vielleicht in Wirklichkeit tot. Denn ich habe von einem Weisen gehört, daß wir jetzt tot sind, daß der Körper unser Grab ist und daß der Teil unserer Seele, in welchem unsere Wünsche enthalten sind, von solcher Natur ist, daß sie überredet und auf und nieder geschleudert werden kann.»

Ebenso wird im *Neuen Testament* stets auf die physische Welt als «der Tod» hingewiesen, deren Bewohner «die Toten» sind, die «von oben»[78] geboren werden müssen – das heißt: spirituell geboren werden müssen, bevor sie «lebendig» werden. Jakobus bezeichnet «böse Reden» als eine der schlimmsten Sünden, die den Menschen an die Erde binden:

Jakobus 3,6

Auch die Zunge ist ein Feuer, eine Welt voll Ungerechtigkeit. Die Zunge ist der Teil, der den ganzen Menschen verdirbt und das Rad des Lebens in Brand setzt; sie selbst aber ist von der Hölle in Brand gesetzt.[79]

Mystisch wird die Seele der «Sohn» Gottes genannt, und der auf der Erde manifestierte Mensch ist der «Sklave» seiner eigenen Sünden, die ihn im Gefängnis der Wiedergeburt festhalten. Lehren wie die folgende lassen keine andere rationale Erklärung zu:

Johannes 8,31–36

Da sagte er zu den Juden, die an ihn glaubten: Wenn ihr in meinem Wort bleibt, seid ihr wirklich meine Jünger. Dann werdet ihr die Wahrheit erkennen, und die Wahrheit wird euch befreien.

Sie erwiderten ihm: Wir sind Nachkommen Abrahams und sind noch nie Sklaven gewesen. Wie kannst du sagen: Ihr werdet frei werden?

Jesus antwortete ihnen: Amen, amen, das sage ich euch: Wer die Sünde tut, ist Sklave der Sünde. Der Sklave aber bleibt nicht für immer im Haus; nur der Sohn bleibt für immer im Haus. Wenn euch also der Sohn befreit, dann seid ihr wirklich frei.[80]

Doch obgleich auf diese Weise jeder der Sklave seiner eigenen Übeltaten ist, steckt hinter allem eine göttliche Absicht:

Johannes 9,1–3

Unterwegs sah Jesus einen Mann, der seit seiner Geburt blind war. Da fragten ihn seine Jünger: Rabbi, wer hat gesündigt? Er selbst? Oder haben seine Eltern gesündigt, so daß er blind geboren wurde?

Jesus antwortete: Weder er noch seine Eltern haben gesündigt, sondern das Wirken Gottes soll an ihm offenbar werden.

Ohne die Frage direkt zu beantworten, ob die Blindheit des Mannes durch Vererbung oder durch seine eigenen Sünden in einem vergangenen Leben verursacht wurde, leitete Jesus eine tiefere Lehre daraus ab, daß jede Sünde und alles Leiden daraus dem Ordnungsprinzip unterliegen und schließlich zur Reinigung und Manifestation der göttlichen Natur führen würden. Er gab dem Mann sein Augenlicht wieder. Doch die Pharisäer nahmen die engere Bedeutung an und sagten zu dem Mann: «Du bist ganz und gar in Sünden geboren ...» (Joh 9,34)

Wenn man das *Neue Testament* als Ganzes nimmt, wird es offensichtlich, daß Vieles, was nur als Erfüllung von Prophezeiungen angesehen wurde, in Wirklichkeit das Wechselspiel von Ursache und Wirkung war und daß Jesus und seine Gefolgsleute ebenso wie seine Feinde Menschen aus früheren Zeiten waren, die zur Erde zurückkehrten und «den Plan des

Äons» ausführten. Die «Kirche» oder «Gemeinde» war eine fortdauernde Organisation, ununterbrochen seit der Zeit des ersten «Bundes» mit Gott, und ihre Mitglieder waren immer dieselben. Die Lehren des Paulus können auf keine andere Weise verstanden werden, ebenso solche Stellen wie die folgende:

Judas 4–6, 8 und 11

Denn es haben sich einige Leute eingeschlichen, die schon seit langem für das Gericht vorgemerkt sind: gottlose Menschen, die die Gnade unseres Gottes dazu mißbrauchten, ein zügelloses Leben zu führen, und die Jesus Christus, unseren einzigen Herrscher und Herrn, verleugnen.

Zwar wißt ihr alles ein für allemal; aber ich will euch dennoch daran erinnern: Obwohl der Herr das Volk aus Ägypten gerettet hatte, hat er später alle vernichtet, die nicht glaubten.

Die Engel, die ihren hohen Rang mißachtet und ihren Wohnsitz verlassen haben, hat er mit ewigen Fesseln in der Finsternis eingeschlossen, um sie am großen Tag zu richten ...

Genauso beflecken sich auch diese Träumer, sie mißachten die Macht des Herrn und lästern die überirdischen Mächte ...

Weh ihnen! Sie sind den Weg Kains[81] gegangen, aus Habgier sind sie dem Irrtum Bileams[82] verfallen, der Aufruhr Korachs hat sie ins Verderben gestürzt.[83]

Auch eine solch unhaltbare Übersetzung von *hoi pailai progegrammenoi* als «diejenigen, die schon seit langem für das Gericht vorgemerkt sind», indem ein technischer Rechtsausdruck – «über die geschrieben wurde» (vor aller Augen), «Anschläge gemacht», «geächtet» – verdreht wurde in eine prophetische Phrase, kann dadurch nicht den offensichtlichen Hinweis auf Reinkarnation verdecken, der im Vorstehenden enthalten ist. Und wenn auch die folgende Stelle auf Prophezeiungen hinweist, so enthält sie sowohl Erinnerungen an vergangene Leben als auch Voraussicht auf kommende Ereignisse:

Lukas 24,25–27 und 44–46

Da sagte er zu ihnen: Begreift ihr denn nicht? Wie schwer fällt es euch, alles zu glauben, was die Propheten gesagt haben. Mußte nicht der Messias all das erleiden, um so in seine Herrlichkeit zu gelangen? Und er legte ihnen dar, ausgehend von Mose und allen Propheten, was in der gesamten Schrift über ihn geschrieben steht ...

Dann sprach er zu ihnen: Das sind die Worte, die ich zu euch gesagt habe, als ich noch bei euch war: Alles muß in Erfüllung gehen, was im Gesetz des

Mose, bei den Propheten und in den Psalmen über mich gesagt ist. Darauf öffnete er ihnen die Augen für das Verständnis der Schrift. Er sagte zu ihnen: So steht es in der Schrift: Der Messias wird leiden und am dritten Tag von den Toten auferstehen.

Viele Aussprüche Jesu, die auf die ferne Vergangenheit oder die weite Zukunft Bezug haben, erhalten tiefe Bedeutung, wenn sie im Lichte der Reinkarnation verstanden werden, wie das folgende Beispiel:

Lukas 11,46–52

Er antwortete: Weh auch euch Gesetzeslehrern! Ihr ladet den Menschen Lasten auf, die sie kaum tragen können, selbst aber rührt ihr keinen Finger dafür.

Weh euch! Ihr errichtet Denkmäler für die Propheten, die von euren Vätern umgebracht wurden. Damit bestätigt und billigt ihr, was eure Väter getan haben. Sie haben die Propheten umgebracht, ihr errichtet ihnen Bauten.

Deshalb hat auch die Weisheit Gottes gesagt: Ich werde Propheten und Apostel zu ihnen senden, und sie werden einige von ihnen töten und andere verfolgen, damit das Blut aller Propheten, das seit der Erschaffung[84] der Welt vergossen worden ist, an dieser Generation gerächt wird, vom Blut Abels[85] bis zum Blut des Sacharja[86], der im Vorhof zwischen Altar und Tempel umgebracht wurde. Ja, das sage ich euch: An dieser Generation wird es gerächt werden.

Weh euch Gesetzeslehrern! Ihr habt den Schlüssel (der Tür) zur Erkenntnis[87] weggenommen. Ihr selbst seid nicht hineingegangen, und die, die hineingehen wollten, habt ihr daran gehindert.[88]

Matthäus 24,4–14

Jesus antwortete: Gebt acht, daß euch niemand irreführt! Denn viele werden unter meinem Namen auftreten und sagen: Ich bin der Messias!, und sie werden viele irreführen.

Ihr werdet von Kriegen hören, und Nachrichten über Kriege werden euch beunruhigen. Gebt acht, laßt euch nicht erschrecken! Das *muß geschehen.* Es ist aber noch nicht das Ende.

Denn ein Volk wird sich gegen das andere erheben und ein Reich gegen das andere, und an vielen Orten wird es Hungersnöte und Erdbeben geben. Doch das alles ist erst der Anfang der Wehen.

Dann wird man euch in große Not bringen und euch töten, und ihr werdet von allen Völkern um meines Namens willen gehaßt. Dann werden viele zu Fall kommen und einander hassen und verraten.

Viele falsche Propheten werden auftreten, und sie werden viele irreführen. Und weil die Mißachtung von Gottes Gesetz überhandnimmt, wird die Liebe bei vielen erkalten.

Wer jedoch bis zum Ende standhaft bleibt, der wird gerettet. Aber dieses Evangelium vom Reich wird auf der ganzen Welt verkündet werden, damit alle Völker es hören; dann erst kommt das Ende.[89]

Matthäus 28,19–20

Darum geht zu allen Völkern, und macht alle Menschen zu meinen Jüngern; tauft sie auf den Namen des Vaters und des Sohnes und des Heiligen Geistes, und lehrt sie, alles zu befolgen, was ich euch geboten habe. Seid gewiß: Ich bin bei euch alle Tage bis zum Ende der Welt.

Nun hängen die meisten Voraussagen Jesu an dem Wort «Generation» – wie in der Behauptung, daß «diese Generation nicht vergehen wird, bis das alles eintrifft».[90] Wenn dieses Wort in seiner Bedeutung so genommen wird, als ob damit nur die Lebenszeit des damals lebenden Volkes gemeint sei, ist es sicher, daß die meisten seiner Prophezeiungen nicht erfüllt wurden; aber wenn dieses Wort, wie es gut möglich ist, sich auf den Gesamtprozeß der Wiedergeburten bezieht, dann ist seinen Voraussagen ein größerer Raum gegeben, der den ganzen Zyklus der Reinkarnation einschließt: die volle Periode der menschlichen Evolution.

Daß Letzteres die richtigere Ansicht ist, wird klar aus seiner Verbindung der Voraussagen mit der «End»- oder «Vollendungs»-Periode des Zeitalters (=Äons). Und wenn das so ist, sollte die den Jüngern aufgetragene Arbeit in vielen Inkarnationen ausgeführt werden; ihre Mission konnte auch unmöglich in einem einzigen Leben durchgeführt werden und wurde auch nicht vollendet. Wie die Jünger in den alten Zeiten bei ihm gewesen waren, so sollten sie es auch in der Zukunft sein.[91]

Paulus[92] (in welchem man ohne Schwierigkeit König Saul erkennen kann, eine der stärksten Persönlichkeiten in der Geschichte des *Alten Testamentes),* der zu spät inkarnierte, um einer der persönlichen Nachfolger Jesu zu werden, und der ihn erst sah, nachdem er «von den Toten auferstanden» war, spricht mit Bedauern von dieser Tatsache und schreibt sie seinen eigenen Übeltaten zu.[93]

Es müssen nun noch bestimmte Lehren Jesu betrachtet werden, die er in Gleichnissen gegeben hat; diese aber sind im Zusammenhang mit der Reinkarnation so klar, daß kaum ein Kommentar erforderlich ist.

Lukas 15,11–32

Ein Mann hatte zwei Söhne. Der jüngere von ihnen sagte zu seinem Vater, gib mir das Erbteil[94], das mir zusteht. Da teilte der Vater das Vermögen auf.

Nach wenigen Tagen packte der jüngere Sohn alles zusammen und zog in ein fernes Land. Dort führte er ein zügelloses Leben und verschleuderte sein Vermögen. Als er alles durchgebracht hatte, kam eine große Hungersnot über das Land, und es ging ihm sehr schlecht. Da ging er zu einem Bürger des Landes[95] und drängte sich ihm auf; der schickte ihn aufs Feld zum Schweinehüten. Er hätte gern seinen Hunger mit den Futterschoten gestillt, die die Schweine fraßen; aber niemand gab ihm davon.

Da ging er in sich und sagte: Wie viele Tagelöhner meines Vaters haben mehr als genug zu essen, und ich komme hier vor Hunger um. Ich will aufbrechen und zu meinem Vater gehen und zu ihm sagen: Vater, ich habe mich gegen den Himmel und gegen dich versündigt. Ich bin nicht mehr wert, dein Sohn zu sein; mach mich zu einem deiner Tagelöhner.

Dann brach er auf und ging zu seinem Vater. Der Vater sah ihn schon von weitem kommen, und er hatte Mitleid mit ihm. Er lief dem Sohn entgegen, fiel ihm um den Hals und küßte ihn.

Da sagte der Sohn: Vater, ich habe mich gegen den Himmel und gegen dich versündigt; ich bin nicht mehr wert, dein Sohn zu sein.

Der Vater aber sagte zu seinen Knechten: Holt schnell das beste Gewand[96], und zieht es ihm an, steckt ihm einen Ring an die Hand, und zieht ihm Schuhe an. Bringt das Mastkalb her und schlachtet es; wir wollen essen und fröhlich sein. Denn mein Sohn war tot und lebt wieder; er war verloren und ist wiedergefunden worden. Und sie begannen ein fröhliches Fest zu feiern.

Sein älterer Sohn war unterdessen auf dem Feld. Als er heimging und in die Nähe des Hauses kam, hörte er Musik und Tanz. Da rief er einen der Knechte und fragte, was das bedeuten solle.

Der Knecht antwortete: Dein Bruder ist gekommen, und dein Vater hat das Mastkalb schlachten lassen, weil er ihn heil und gesund wiederbekommen hat.

Da wurde er zornig und wollte nicht hineingehen. Sein Vater aber kam heraus und redete ihm gut zu.

Doch er erwiderte dem Vater: So viele Jahre schon diene ich dir, und nie habe ich gegen deinen Willen gehandelt; mir aber hast du nie auch nur einen Ziegenbock geschenkt, damit ich mit meinen Freunden ein Fest feiern konnte. Kaum aber ist der hier gekommen, dein Sohn, der dein Vermögen mit Dirnen durchgebracht hat, da hast du für ihn das Mastkalb geschlachtet.

Der Vater antwortete ihm: Mein Kind, du bist immer bei mir, und alles, was mein ist, ist auch dein. Aber jetzt müssen wir uns doch freuen und ein Fest feiern; denn dein Bruder war tot und lebt wieder; er war verloren und ist wiedergefunden worden.

Matthäus 13,24–30 und 36–43

Und Jesus erzählte ihnen noch ein anderes Gleichnis: Mit dem Himmelreich ist es wie mit einem Mann, der guten Samen auf seinen Acker säte. Während nun die Leute schliefen, kam sein Feind, säte Unkraut unter den Weizen und ging wieder weg. Als die Saat aufging und sich die Ähren bildeten, kam auch das Unkraut zum Vorschein. Da gingen die Knechte zu dem Gutsherrn und sagten: Herr, hast du nicht guten Samen auf deinen Acker gesät? Woher kommt dann das Unkraut?

Er antwortete: Das hat ein Feind von mir getan.

Da sagten die Knechte zu ihm: Sollen wir gehen und es ausreißen?

Er entgegnete: Nein, sonst reißt ihr zusammen mit dem Unkraut auch den Weizen aus. Laßt beides wachsen bis zur Ernte. Wenn dann die Zeit der Ernte da ist, werde ich den Arbeitern sagen: Sammelt zuerst das Unkraut und bindet es in Bündel, um es zu verbrennen; den Weizen aber bringt in meine Scheune …

Dann verließ er die Menge und ging nach Hause. Und seine Jünger kamen zu ihm und sagten: Erkläre uns das Gleichnis vom Unkraut auf dem Acker.

Er antwortete: Der Mann, der den guten Samen sät, ist der Menschensohn; der Acker ist die Welt; der gute Samen, das sind die Söhne des Reiches; das Unkraut sind die Söhne des Bösen; der Feind, der es gesät hat, ist der Teufel; die Ernte ist das Ende der Welt; die Arbeiter bei dieser Ernte sind die Engel.

Wie nun das Unkraut aufgesammelt und im Feuer verbrannt wird, so wird es auch am Ende der Welt sein: Der Menschensohn wird seine Engel aussenden, und sie werden aus seinem Reich alle zusammenholen, die andere verführt und Gottes Gesetz übertreten haben, und werden sie in den Ofen werfen, in dem das Feuer brennt. Dort werden sie heulen und mit den Zähnen knirschen. Dann werden die Gerechten im Reich ihres Vaters wie die Sonne leuchten.

Wer Ohren hat, der höre!

Matthäus 21,33–44

Hört noch ein anderes Gleichnis: Es war ein Gutsbesitzer, der *legte einen Weinberg an, zog ringsherum einen Zaun, hob eine Kelter aus und baute einen Turm.* Dann verpachtete er den Weinberg an Winzer und reiste in ein anderes Land.

Als nun die Erntezeit kam, schickte er seine Knechte zu den Winzern, um seinen Anteil an den Früchten holen zu lassen. Die Winzer aber packten seine Knechte; den einen prügelten sie, den andern brachten sie um, einen dritten steinigten sie.

Darauf schickte er andere Knechte, mehr als das erstemal; mit ihnen machten sie es genauso.

Zuletzt sandte er seinen Sohn zu ihnen; denn er dachte: Vor meinem Sohn werden sie Achtung haben.

Als die Winzer den Sohn sahen, sagten sie zueinander: Das ist der Erbe. Auf, wir wollen ihn töten, damit wir seinen Besitz erben.

Und sie packten ihn, warfen ihn aus dem Weinberg hinaus und brachten ihn um. Wenn nun der Besitzer des Weinbergs kommt: Was wird er mit solchen Winzern tun? Sie sagten zu ihm: Er wird diesen bösen Menschen ein böses Ende bereiten und den Weinberg an andere Winzer verpachten, die ihm die Früchte abliefern, wenn es Zeit dafür ist.

Und Jesus sagte zu ihnen: Habt ihr nie in der Schrift gelesen:

Der Stein[97]*, den die Bauleute verworfen haben,*
er ist zum Eckstein[98] *geworden;*
das hat der Herr vollbracht,
vor unseren Augen geschah dieses Wunder?[99]

Und wer auf diesen Stein fällt, der wird zerschellen; auf wen der Stein aber fällt, den wird er zermalmen.[100] Darum sage ich euch: Das Reich Gottes wird euch weggenommen und einem Volk[101] gegeben werden, das die erwarteten Früchte bringt.

Unbestritten beschreiben diese Gleichnisse den Abstieg der Seele aus dem Reich des wahren Seins in die «Sphären des Übergangs» und ihre Rückkehr in den spirituellen Zustand am Ende des Zeitalters (=Äons). Aber durch die angewandte Sprache wird ausgedrückt, daß die Seele während des ganzen Zeitalters auf den Feldern der irdischen Existenz arbeitet, was nur durch eine lange Reihe von Inkarnationen möglich ist.

Der «Stein», der von den «Bauleuten» verworfen wurde – die göttlichen Rassen, die der physischen Menschheit[102] voraufgingen – ist der «Stein der Philosophen», das «offene Auge»[103] der Seher. Es war das Organ der objektiven Vision der spirituellen Vorfahren der Menschheit, das aber verkümmerte – besser: *versteinerte*[104] –, als sie in Generation fielen, und heute zur *spirituellen* Schau gehört.

Da es heute der Kontaktpunkt zwischen dem Menschen und seinem inneren Selbst oder Gott ist, wurde es zur Pforte des Bewußtseins, zum Schiedsrichter über sein Schicksal – dasjenige, welches in seinen vielen Inkarnationen auf Erden den Weizen von der Spreu[105] in seiner Natur trennt. Daher beschließt die Anspielung auf diesen «Stein» zutreffend das erhabene Gleichnis vom Weinberg.

Chymischen Lustgärtleins CIV. Figur.

Die sechste Würckung.

Schaw/meine Feind/zu diesen Stundn/
Hab ich mit Macht all vberwundn:
Meinem Geschlecht hab ich dergleichn
Widerbracht grosse Sieges zeichn.
Darumb jhr trewen Brüder mein/
Wie auch jhr liebsten Hertzlein fein:
Tragt jhr gegen mir lieb ohn schew/
So eyllt vnd laufft geschwind herbey.
Die hellglänzende Cron nembt nu/
Darmit ich euch verehren thu:
Multiplicirct euch nur recht/
Vermehrt euch biß ins zehnde Gschlecht.

Abbildung 11

IV.
ALTER WEIN IN NEUEN SCHLÄUCHEN
(Mt 9,17)

Daß Reinkarnation nicht nur im Falle besonderer Menschen, sondern auch als ein Lebensgesetz für alle Menschen eindeutig im *Neuen Testament* gelehrt wird, ist aufgezeigt worden. Diesen Punkt zu bestreiten, kommt der Leugnung gleich, die Autoren dieser Schriftensammlung hätten wirklich gemeint, was sie in unmißverständlicher Sprache ausgesagt haben. Reinkarnation zu verwerfen, bedeutet also, ihre Lehren anzugreifen.

Welche Änderungen müssen dann notwendigerweise in der üblichen Darstellung der biblischen Lehren vorgenommen werden, wenn zugegeben wird, daß Reinkarnation eine dieser Lehren ist? Gehen wir einmal der biblischen Darstellung in der Genesis nach:

Der Herr-Gott «formte Adam (den ersten Menschen) aus dem Staub des Erdbodens und hauchte in seine Nasenlöcher den Atem des Lebens»;und nachdem er «einen Garten östlich in Eden gepflanzt hatte», setzte er Adam hinein und befahl ihm unter Todesstrafe, nicht zu essen «von dem Baum der Erkenntnis des Guten und Bösen». Dann schuf er Eva als «Gehilfin für ihn».

Die Schlange versuchte die Frau; sie «sah, daß der Baum als Nahrung gut und für die Augen angenehm war und *ein Baum begehrenswert, weil man dadurch weise würde*». Sie und Adam aßen von der Frucht dieses begehrenswerten Baumes. Sie wurden aus dem Garten hinausgeworfen, nicht so sehr als Strafe, sondern als eine Vorsichtsmaßnahme; denn der Herr-Gott sagte: «Der Mensch ist wie einer von uns (Göttern) geworden, weil er Gut und Böse kennt; und damit er nun nicht auch seine Hand ausstreckt und vom *Baum des Lebens nimmt und ewig lebt»,* deshalb «schickte ihn der Herr-Gott hinaus aus Eden, *um die Erde zu bearbeiten, von der er genommen war».*

Die Folgen des Ungehorsams dieses Urpaares waren: Feindschaft zwischen der Frau und der Schlange; die Frau mußte danach die Wehen der Kindgeburt erleiden und von ihrem Gatten beherrscht werden, vermutlich wegen ihrer physischen Schwäche. Adam mußte die Erde zum Lebensunterhalt bearbeiten, die seinetwegen verflucht war und Dornen und Disteln hervorbrachte; und sein Körper sollte zur Erde zurückkehren, aufgelöst in den Staub, aus dem er geformt worden war.[106] Vom Schicksal des «Odems des Lebens», der in ihn eingehaucht worden war, wird nichts gesagt.

Danach ging Gott vier Verträge oder Vereinbarungen mit den Nachkommen des Adam ein, nacheinander mit Noah, Abraham, Isaak und Jakob, und schließlich einen fünften Vertrag mit Mose.[107] Jeder dieser Verträge besagte nicht mehr und nicht weniger, als *physische Körper zu erhalten und zu vermehren,* materielle Wohltaten, die Mittel zum Leben, dem Volk zu verschaffen, wenn sie ihrerseits dem Willen Gottes gehorchten und das moralische Gesetz befolgten, das er für sie ausgearbeitet hatte. Dem Volk wird besonders eingeschärft, «fruchtbar zu sein und die Erde wieder zu füllen». So weit das *Alte Testament (palaia diathêkê,* «Vertrag der alten Zeiten»).

Als nächstes tritt Gott durch Jesus[108] in eine weitere Vereinbarung ein: das *Neue Testament (kainê diathêkê,* «neuer Vertrag»), durch welches die Menschen *von ihrem physischen Körper befreit* und in den Zustand der Reinheit zurückverwandelt werden, welcher der Zustand der Seele vor ihrem Fall oder dem Abstieg in die materielle Existenz war.

Die Ausdrucksweise der Genesis (= 1. Buch Mose), wenn auch poetisch mildernd, gibt deutlich zu verstehen, daß dieser Fall, der als Ergebnis den Tod hatte, die Entwicklung (Evolution) der generativen Funktion war;[109] und diese «sündige Generation»[110] muß «verschwinden», bevor die «Gegenwart» des Gesalbten (Messias) auf Erden manifestiert werden kann.[111]

Tatsächlich können die Lehren des *Neuen Testamentes* über die «Sünde» in den Worten von Calderon (1600–1681) zusammengefaßt werden: «Die größte Schuld des Menschen besteht darin, daß er geboren wurde.» Der «alte Vertrag» bezog sich auf Generation; der «neue Vertrag» hatte zum Ziel *Regeneration*[112], die «Geburt von oben». Deshalb hat die Aufforderung: «Seid fruchtbar und erfüllet die Erde» keinen Platz in den Lehren Jesu; im Gegenteil, er schärfte das Zölibat ein und war selbst unverheiratet – welche Tatsache in ihrer tiefen Bedeutung nicht übersehen werden darf: Jesus war das Vorbild für alle diejenigen, die durch ihre Nachfolge das ewige Leben erreichen wollten: «der Weg und die Wahrheit und das Leben». (Joh 14, 6)

Es darf eindeutig aus dem Bericht der *Genesis* geschlossen werden, daß Adam und Eva, bevor sie von dem Baum gegessen hatten, ohne «Kenntnis von Gut und Böse» und daher *moralisch nicht verantwortlich* waren. Sie gewannen die Weisheit erst durch das Essen von jenem Baume, und wenn sie auch von dem anderen Baume gegessen hätten (Gen 3,22), dann wären die bösen Folgen des vorherigen Baumes nichtig geworden. Sie hätten ewig gelebt, statt die Beute des Todes zu werden. Doch Gott der Herr wachte darüber, daß sie dieses Gegengift nicht bekamen. In den alten Verträgen wird auch nichts über den Baum des Lebens gesagt.

Aber in der *Apokalypse* heißt es, daß er im «neuen Jerusalem» steht. Er wird wie folgt beschrieben, daß er «zwölfmal Früchte trägt, jeden Monat einmal; und die Blätter des Baumes waren bestimmt zur Heilung der Völker.» Jesus sagt von ihm: «Selig, wer sein Gewand wäscht; dieser hat Anteil am Baum des Lebens ...» Und weiter sagt er: «Dem Sieger werde ich vom Baum des Lebens zu essen geben, der im Paradiese steht.»[113]

Nachweisbar also bedeutete der eine Baum, bei dem es sich um den «alten Bund» handelte, *Generation:* die Vermehrung der physischen Körper, notwendiges Mittel für die vielen aufeinanderfolgenden Leben auf Erden, durch welche das Wissen über Gut und Böse durch Erfahrung gewonnen wird. Dagegen steht der andere Baum, der des «neuen Vertrags», für *Regeneration:* Befreiung vom «Rad der Geburt» und Wiederherstellung des rein spirituellen und göttlichen Zustandes. Als der Mensch von dem ersten Baum gegessen hatte – was bedeutete, daß er in die Vermehrung gefallen war –, durfte er nicht vom Baum des Lebens essen, das heißt, er durfte nicht bewußt unsterblich werden, bevor er durch den großen Zyklus der Reinkarnationen gegangen war, den harten Boden der materiellen Existenz beackert hatte, was tatsächlich «Dornen und Disteln» von Sorge und Leid hervorbrachte und noch bringt.

Das ist die biblische Allegorie in ihrer erhabenen Einfachheit. Dagegen ist die üblicherweise theologischerseits gegebene Version darüber etwa die folgende:

Adam und Eva begingen die «Ursünde», wofür sie und alle ihre Nachkommen zu ewiger Strafe in unauslöschlichem Feuer verurteilt wurden. Dies geschah, obwohl Adam und Eva keine Verantwortung trugen, da sie wie neugeborene Kinder nichts von Gut und Böse wußten, welcher mildernde Umstand zusammen mit der Tatsache, daß es ihr erster Fehler war, sie sicher zu einer Gnadenempfehlung berechtigt hätte. Und indem der Herr ihre Nachkommen verdammte, ging er über die Regel hinaus, die er später für sich selbst festlegte, nämlich für die Sünde der Väter die Kinder bis ins dritte und vierte Glied heimzusuchen.[114]

Alle Generationen seit Adam stiegen hinunter in endlose Qual, bis der «neue Vertrag» durch Jesus geschlossen wurde, der (selbst absolut unschuldig) geopfert wurde als Ersatz für die unzähligen Millionen menschlicher Wesen, die in einem unaufhörlichen Strom hinabstiegen in den bodenlosen Abgrund – ganz sicher bodenlos, oder er wäre bald voll gewesen –, um in ewigem Weh für ein Verbrechen zu büßen, von dem nur wenige von ihnen jemals gehört hatten und das vor vielen Zeitaltern begangen worden war, ehe ihre Seelen erschaffen und ihre Körper geboren wurden – das vollkommenste *Alibi,* welches der Verstand des Menschen hervorbringen konnte.

Und nicht einer konnte vor der ewigen Pein gerettet werden, wenn er nicht noch im physischen Körper, dem erbärmlichen Gefängnis aus Lehm oder Staub, von Jesus hörte und an ihn glaubte, ob mit oder ohne Beweise, auf die er seinen Glauben stützen könnte. Bevor überhaupt der Retter gekommen war, erstanden große Nationen und gingen wieder unter; die bevölkerte Erde goß ständig ihren riesigen Tribut an zahllosen Seelen in den tiefen Abgrund, ohne irgendeine Rettung – außer zufällig für ein paar Propheten, deren Augen in die Zukunft geschaut hatten. Und während wie auch nach seinem Kommen nützte das Opfer des Gottmenschen nicht vielen: aus dem Nicht-Sein kommen sie für ein paar kurze Jahre zur Existenz auf Erden, um in den bodenlosen Abgrund gestürzt zu werden oder ewige Todesangst zu erleiden.

«Seid fruchtbar und füllet die Erde», (Gen 1,22) und schafft dadurch Brennstoff für die unlöschbaren Flammen! «Schau jetzt zum Himmel», sagte der Herr zu Abraham, «und zähle die Sterne, wenn du so weit zählen kannst; so zahlreich soll dein Same sein»[115] – in der Unterwelt des Ewigen Wehes. Ihrer ist nicht der ewige Segen, der nur für ein paar «Heilige» und «Gläubige» reserviert ist, die gemäß einigen Theologen «vorherbestimmt» oder «prädestiniert» sind, bevor die unglücklichen Adam und Eva zur Existenz gekommen waren und sogar bevor der Geist des Herrn sich über die Wasser des Raumes bewegt hatte.

Wenn behauptet wird, daß dies die altmodische Theologie sei, die von ihrer Finsternis durch spätere Sekten etwas erhellt wurde, welches sind dann die Änderungen, die gemacht wurden? Das theologische Schema ist so aufgebaut, daß jedes seiner Teile von den anderen abhängig ist, so daß das ganze Gebäude zusammenbricht, wenn irgendein Teil daraus entfernt wird. Wenn alle Menschen vor der Zeit Jesu gerettet wurden, dann rettete er durch sein Kommen niemanden, sondern brachte all denen Verdammung, die nach seinem Kommen nicht von ihm hörten oder nicht glaubten, was sie hörten.

Wenn aber alle gerettet werden, die niemals von ihm hörten, und keiner verlorengeht außer denjenigen, die hören und nicht glauben, dann wäre es ein Unglück, wenn man von ihm hört. In diesem Falle wäre Unwissenheit nicht nur Segen, sondern sogar *ewiger* Segen. Wenn das Dogma der ewigen Bestrafung gänzlich verworfen wird, wessen «Retter» ist dann Jesus? Das Kreuz der Theologie ist folgendes: keine Verdammung, keine Rettung; keine Hölle, kein Himmel. In den Himmel unterschiedliche Grade von Glückseligkeit einzubauen, bedeutet nur, die Grenze zwischen ihm und der Hölle auszutilgen; denn Relativität im Himmel würde bedeuten, daß es dort sowohl Böses wie Gutes gibt.

Nun ist aber die ganze Verknüpfung von erschreckenden Glaubenssätzen, welche die Theologie gewoben hat und die alle rechtschaffenen Christen von heute bemüht sind, beiseitezuschieben – wenn sie das schaffen, ohne gleichzeitig die Wirklichkeit der Religion aufzugeben –, auf der irrtümlichen Theorie aufgebaut, daß der Mensch nur EIN Leben auf Erden habe. Nicht genug damit, daß die berufsmäßigen Ausdeuter der Bibel keine Augen haben, um die klaren Aussagen über Reinkarnation darin zu sehen, haben sie auch die Präexistenz der Seele geleugnet.

Sie haben nämlich die Lehre von der «besonderen Schöpfung» aufgestellt, indem sie behaupten, daß Gott für jeden Körper eine neue Seele erschafft, sobald er geboren wird, wodurch der Körper als von ausschlaggebender Bedeutung hingestellt wird. Das Seltsame dieser Theorie wird sofort offensichtlich, weil sich natürlich darin, daß sterbliche Körper die zeitlichen Wohnungen für unsterbliche Seelen werden, eine lächerliche Widersinnigkeit zeigt insofern, als zugunsten jedes sterblichen Körpers, der zufällig gezeugt wird, eine unsterbliche Seele erschaffen werden muß.

Weiterhin stammen nach dieser Theorie die Seelen nicht von Adam und Eva ab, sondern kommen frisch von Gott und sind daher rein und schuldlos; dennoch werden sie in Körper gesteckt, die von dem Paar Ursünder abstammen, und wenn die Körper zur Erde zurückkehren, werden die Seelen zur ewigen Strafe für die Sünde jener ersten Eltern verurteilt.

Man sollte meinen, daß Absurdität nicht noch weiter gehen könne; doch muß der schwerste Einwand gegen diese Lehre der «besonderen Erschaffung» noch genannt werden. Wenn also die Seele einen Anfang hat, muß sie notwendigerweise ein Ende haben. Ewigkeit ist keine unbestimmte Ausdehnung von Zeit, noch kann sie in solchen Begriffen wie Vergangenheit, Gegenwart und Zukunft ausgedrückt werden. Wenn die Seele ewig ist, dann ist sie ohne Anfang und ohne Ende. Wer sagt, daß die Seele «erschaffen» wurde, daß sie einen Anfang hat, leugnet damit gleichzeitig, daß sie unsterblich ist.

Zu behaupten, daß sie ins Sein kommt, weil ein physischer Körper gezeugt wurde, heißt, das Fleisch höher als den Geist zu stellen und jede Vorstellung von spirituellem Leben zu degradieren. Es gibt in der Bibel keine Belegstelle für diese Lehre der «besonderen Schöpfung»; der Odem des Lebens, den Gott in Adam hineinblies, ist unerschaffen, ewig. Nachdem dieser Geist in Adam aufgenommen worden war, «wurde er eine lebendige Seele» (Gen 2,7), so daß die Seele also eine Manifestation des Geistes in den äußeren Welten wurde. Vom Universum selbst wird im *Neuen Testament* gesagt, daß es «wurde», «geboren wurde» oder «zur Existenz kam»;[116] nur in der ungeistigen und nicht sehr gewissenhaften Übersetzung hieß es «gemacht» oder «erschaffen».

Aus dem Dogma der einmaligen Inkarnation ergibt sich der von vielen vertretene merkwürdige Standpunkt, daß nach dem Tod des physischen Körpers die Seele in einem schlafähnlichen Zustand «bis zum Ende der Welt» verbleibt, bis sie für ihr endgültiges Gericht am «letzten Tag» auferweckt wird. Es wäre eine fast endlose Aufgabe, alle Absurditäten herauszusuchen, die sich aus dem Bemühen ergeben haben, die Lehren des *Neuen Testamentes* getrennt von der Reinkarnation zu deuten, wenn doch in Wirklichkeit die Reinkarnation die Basis dieser Lehren ist.

Alle diese Schwierigkeiten aber verschwinden, wenn die Reinkarnation angenommen wird. Dann können die Hauptlehren wie folgt definiert werden:

Die «Ursünde» war der Abstieg der Seele in die materielle Welt und die Zeugung der physischen Körper, wodurch der Mensch hinfort ein Gott ist, der in einer Tierform lebt.

Der «Fluch» ist der ungeheure Zyklus von Inkarnationen, durch den die Seele gehen muß, bevor sie ihren göttlichen Zustand wiedergewinnen kann. Aber wie der «verlorene

Abbildung 12

Sohn» im Gleichnis erhält sie mehr Ehre bei ihrer Rückkehr als diejenige Seele, die weder Macht noch Wissen durch eine Reise in die niederen Welten gewonnen hat. (Lk 15,32)

Die «Unterwelt» *(griechisch hadês)* ist diejenige Welt, wo sich die Seele zwischen den Inkarnationen aufhält. Diese Welt hat eine zweifache Natur: das Paradies (die «Freudengründe») als den Aufenthalt für die Seelen der Guten und Gehenna[117] (das «brennende Tal») für die unreinen Seelen.

Der «Himmel» ist der endgültige Zustand der Seligkeit, den die Seele erreicht, sobald sie vom «Rad der Geburt» befreit ist; er ist dasselbe wie das Nirvâna des Buddhismus.

«Verdammnis» *(apôleia)* ist die «achte[118] Sphäre» oder der Aufenthaltsort des nicht geistig gewordenen Restes der Menschheit, nachdem die sieben großen Rassenperioden, die unser Zeitalter (=Äon) bilden, ihren Lauf beendet haben, wobei dieser Rest der bestialische Teil der menschlichen Natur ist. Was Paradies und Gehenna im Zyklus einer einzelnen Inkarnation sind, das sind Himmel und Verdammung in dem größeren Zyklus eines ganzen Zeitalters oder Äons.

Das «äonische Leben»[119] ist das Bewußtsein der Unsterblichkeit als Folge der Wiedergewinnung der Erinnerung an vergangene Inkarnationen, wodurch das Menschenleben dann eine ununterbrochene Beständigkeit während des Ablaufs eines Äons oder Zeitalters erhält, wenngleich seine äußere Existenz weiterhin eine Reihe von Inkarnationen auf Erden darstellt.

Der «zweite Tod»[120] ist die Auflösung des psychischen Selbstes der unheilbar bösen Person, wobei die Seele durch diesen Verlust ihres Fahrzeugs aus dem Evolutionszyklus herausfällt, um sich in den niederen Welten zu manifestieren. Er ist auch die Auflösung der physischen und psychischen Welten (Tod und Hadês) am Ende dieses Zeitalters (Äons).

«Auferstehung» *(griechisch anastasis)* ist jeder Aufstieg aus einem niedrigeren in einen höheren Zustand der Existenz, ganz gleich ob des einzelnen Menschen oder der ganzen Rasse.[121] Mit Bezug auf den Äon oder eine Weltperiode ist die «erste Auferstehung» das Erwachen zum spirituellen Leben während eines Zyklus, und zwar der «gerechten Menschen», die «vollkommen wurden» (Mt 5,48);dagegen ist die «zweite Auferstehung» diejenige der ganzen Menschheit am Ende der

Quadratur des Kreises in der Westrose des Domes von Orvieto

Abbildung 13

Weltperiode, wenn «sie gerichtet werden, jeder nach seinen Werken». (Offb 20,13)

«Erlösung» ist Befreiung aus den Banden der Wiedergeburt. Jesus wird dargestellt als ein Erlöser, indem er Rechtschaffenheit lehrte und vorlebte, die allein die Seele aus der materiellen, tierischen Existenz befreien und zu den Realitäten des spirituellen Lebens erwecken kann.

«Glaube» ist intuitives Wissen, die schwache Erinnerung, welche die Seele an ihren Urzustand behalten hat; wahrer Glaube, statt unwissende Vermutung zu sein, ist der Anfang spiritueller Weisheit, «eine Zusicherung der erhofften Dinge, ein Beweis für nicht sichtbare Dinge».[122]

«Rechtschaffenheit» ist *richtiges Verhalten,* die vollkommene Erfüllung der Pflicht im Lichte eines gereinigten Bewußtseins.

«Taufe» oder «Reinigung» ist ein zeremonieller Reinigungsritus, der eine Reihe von Einweihungsgraden in die göttlichen Mysterien symbolisiert. Der Exoteriker oder «irdische Mensch» *(choïkos),* der die Wirklichkeit des spirituellen Lebens zu erkennen beginnt, wird ein «Gläubiger» *(pistos);* durch die Reinigung mit Wasser wird er ein «Psychiker» *(psychikos);* durch diejenige mit Luft *(pneuma)* eine spirituelle Person *(pneumatikos);* durch die Reinigung mit Feuer ein «vollkommener Mensch» *(teleios);* und durch diejenige des Blutes (Äther = Eros = göttliche Liebe) ein Volleingeweihter oder Christos.[123]

«Buße» *(metánoia = Reue)* ist die Vereinigung des gereinigten menschlichen Selbstes mit seinem spirituellen, göttlichen Selbst; sie ist «stellvertretend» in dem Sinne, daß das sündenlose spirituelle Selbst inkarniert zur Erlösung des tierisch-menschlichen Geschöpfes, geformt «aus dem Staub der Erde» – das heißt: entwickelt aus den Elementen.

«Regeneration» ist die «Geburt von oben», wenn die Seele, für immer befreit aus dem Gefängnis aus Lehm, ihr «erstes Kleid» anlegt – den todlosen, verherrlichten Körper des Eingeweihten.

ANMERKUNGEN VON PRYSE

1 Lukas 7,28 sagt ebenfalls: «ein größerer Seher» (=Prophet)
2 Mt 13,11; Mk 4,11;33–34; Lk 8,10
3 Denn viele sind gerufen, aber nur wenige auserwählt. (Mt 22,14)
4 1 Kor 2,6–8 und 13; 4,1–2; Eph 5,32; 1 Tim 3,9
5 ... wenn ich euch keine Offenbarung, keine Erkenntnis (gnosis), keine Weissagung (propheteia), keine Lehre bringe? (1 Kor 14,6) Im ganzen *Neuen Testament* wird von den Exoterikern (hoi exó) auch als von Fleischlichen (hoi sarkikoi, daher das deutsche Wort «Sarg») gesprochen; dagegen werden davon unterschieden die Esoteriker (hoi esó) als Neophyten oder die «Gerufenen» (hoi klétoi) und die Auserwählten (hoi eklektoi), und die letzteren werden unterteilt in die «Psychiker» (hoi psychikoi), die «Treuen» (hoi pistoi; pistis = Glaube), die «Spirituellen» (hoi pneumatikoi) und die «Vollkommenen» (hoi teleioi; telos = Ziel) als die Eingeweihten (= Initiierten). Man kann daraus entnehmen, daß diese Stufen genau den vier Reinigungen oder besser Reinigungsritualen entsprechen, die im *Neuen Testament* genannt werden: die Reinigungen durch Wasser, Atem oder Luft (= pneuma), Feuer und Blut, auf die am Schluß dieses Werkes nochmals eingegangen wird. (Stichwort «Taufe» und Anmerkung 123)
6 1 Kor 5,1; Gal 2,11–14; 3,1–3. Übrigens war in der katholischen Kirche nach Erscheinen gedruckter Bibeln – vor allem der Lutherbibel – noch bis in die jüngste Zeit hinein das selbständige Lesen der Bibel den Gläubigen untersagt, weshalb ihr Inhalt auch heute noch weiten Kreisen unbekannt ist.
7 1 Kor 10,14; Gal 5,20; Offb 21,8
8 ... wie könnt ihr euch da nur wieder den erbärmlichen und armseligen Elementargeistern (stoicheia) zuwenden? ... Ihr beobachtet ja Tage und Monate, und Jahreszeiten, und Jahre! (Gal 4,9–10) Daß «stoicheia» hier nicht die «Grundlagen» zeremonieller Religion bedeuten, sondern die *Geister der Elemente,* von denen die Antike glaubte, daß sie über alle Naturphänomene herrschten, ergibt sich eindeutig aus dem Zusammenhang. Siehe auch Offb 7,1; 14,18; 16,5.
9 Röm 8,5–8; Gal 3,3
10 2 Kor 3,6

11 Mt 22,23; 1 Kor 15,16–19

12 Griechisch *christos* = gewaschen, gesalbt mit Öl (nach dem Bade): der Messias oder ein durch den Atem *(pneuma)* oder die Weltseele Gesalbter. Der Christos ist der «avatar» (= Inkarnation des Vishnu zur Erlösung der Welt) oder die periodische Manifestation *(epiphaneia)* der Gottheit auf Erden. So steht es 2 Tim 1,8–10:Gott ... ist jetzt durch die Erscheinung (= Epiphanie) unseres Erlösers, des Gesalbten (Christos) Jesus manifestiert worden, der die Macht des Todes vernichtet und Leben und Unsterblichkeit ans Licht gebracht hat.

13 Griechisch *prophetes*, jemand, der für einen anderen spricht, besonders für einen Gott; ein göttlicher Dolmetscher, ein Seher – nicht notwendigerweise jemand, der zukünftige Ereignisse vorhersagt.

14 «Ihr selbst könnt mir bezeugen, daß ich gesagt habe: ‹*Ich* bin nicht der Messias, sondern nur ein Gesandter, der ihm vorausgeht.›» (Joh 3,28)

15 Oder: er war mein «Prototyp».

16 Griechisch *pneuma* = Luft, Atem, Geist, «der Odem des Lebens»

17 Griechisch *ouranos* = sichtbarer Raum, das Gewölbe des Himmels bzw. die Welt der Götter jenseits des Himmelsgewölbes. Das Wort «Himmel», wie es heute verstanden wird, drückt nicht die enge Beziehung aus zwischen der Erscheinungswelt und der Sternenwelt, zwischen irdischem Bewußtsein und kosmischem oder räumlichem Bewußtsein, und zwar aus einem ähnlichen Grund: «Geist» ist eine unzureichende Übersetzung von *«pneuma»;* denn mit diesem Begriff ist das feinstoffliche Element *Luft* gemeint, wie aus der Verbindung mit den anderen Elementen ersichtlich ist: Johannes reinigt durch Wasser, während Jesus durch Luft und Feuer reinigt. (Mt 3,11)

18 Griechisch *hagios* = ehrfurchtgebietend; den Göttern ergeben; unbefleckt; keusch; heilig.

19 Griechisch *egerthénai* = aufgeweckt oder aufgerüttelt werden. In der A.V. (= Authorized Version of the Bible = autorisierte Fassung der Bibel) wird nur wenig Unterschied gemacht zwischen diesem Verb und *anasténai* = aufstehen, aufgehoben werden, obwohl diese Unterscheidung in den Schriften des *Neuen Testamentes* sorgfältig beachtet wird, wie z. B. bei Lukas 8,54–55: «Und indem er ihre Hand nahm, rief er sie an und sprach: ‹Mädchen, stehe auf!› Und ihr Geist kehrte zurück, und sie stand sofort auf.»

20 Griechisch *makarios* = frei von Schicksal oder Tod, auf ewig gesegnet, emanzipiert (vom Erdenleben).

21 Wörtlich «keinen Anstoß nehmen», wobei die Worte offensicht-

lich ironisch gemeint sind. Das benutzte Verb bedeutet soviel wie «gefangen werden in einer Schlinge oder Falle» und kommt von *skandalon* = Fallenfeder, Auslöser einer Falle, «Tricker».

22 Die *circuli* oder Gruppen von Redenden.

23 Mal 3,1; Mk 1,2; Lk 1,76

24 Diese Worte sind zweideutig und könnten übersetzt werden: «Das Königreich der Himmel ist im Sturm erobert worden, und Räuber plündern es.» Das aber stimmt nicht mit dem Zusammenhang oder mit der Parallelstelle bei Lukas 16,16 überein, die lautet: «Das Gesetz und die Propheten galten bis in die Tage des Johannes. Seitdem wird das Königreich Gottes als gute Nachricht (= *Evangelium)* verkündet, und jeder erkämpft seinen Weg hinein.» Möglicherweise soll damit gesagt werden, daß die Verfasser der alten Schriften nur natürliche Seher waren, aber keine Eingeweihten.

25 Mal 3,23

26 2 Kön 1,8

27 Mt 3,4

28 2 Kön 1,9–14

29 Joh 10,41

30 Mt 6,22; Lk 11,34; 24,31

31 Griechisch *tetrarchés* = Herrscher über den vierten Teil irgendeines Gebietes; ein kleiner Fürst.

32 Also derjenige, der beim zeremoniellen Ritus der Reinigung mitwirkt. Von vier Reinigungen wird im *Neuen Testament* gesprochen: durch Wasser, durch Luft, durch Feuer und durch Blut (= Äther, siehe Anm. 123 und Text dazu), wodurch sie den fünf Elementen entsprechen; auch die Erde wird nämlich häufig erwähnt, wie bei Lukas 12,49: «Ich bin gekommen, um Feuer in die Erde zu werfen.»

33 Griechisch *dynamis* = Stärke, Fähigkeit, Potenz; ein Vermögen, eine psychische oder spirituelle Macht; ein Geist. Der Atem *(pneuma)* ist das Agens der Energie, um diese Kräfte und ihre entsprechenden Vermögen zu erwecken, wie in folgender Stelle gezeigt wird: «Derjenige, der euch den Atem gibt und die Kräfte in euch aktiviert.» (Gal 3,5) Paulus spricht auch «von der Gabe des Charismas» (einer okkulten Kraft, hier offensichtlich Sehergabe), «die mir durch Gottes mächtiges Wirken geschenkt wurde». (Eph 3,7)

34 Mt 8,28–34; 12,22; Apg 19,11–16

35 Mt 18,10; Apg 12,15; Hebr 1,14

36 Ursprünglich bedeutete *daimón* einen Gott, und das Wort wurde für die Seelen der Menschen verwandt, wie noch von Platon und Sokrates; später bedeutete es jeden entkörperten Geist, und die

Verfasser des *Neuen Testamentes* benutzen es ohne Unterschied in seiner negativen Bedeutung, indem sie das Wort auf erdgebundene und heimsuchende Geister oder Gespenster anwenden. Das Wort *angelos* hat im *Neuen Testament* genau die Bedeutung, die *daimón* besaß, bevor dieses Wort degradiert wurde. – Siehe hierzu Alfons Rosenberg: Engel und Dämonen – Gestaltwandel eines Urbildes. (D.Ü.)

37 Mal 3,23

38 5 Esdras 2,18: *Ich sende dir zu Hilfe meine Diener, Isaias sowie Jeremias; nach ihrem Rate weihte ich und gab dir Bäume, fruchtbeschwerte, zwölf.* Zitiert nach Paul Riessler: Altjüdisches Schrifttum außerhalb der Bibel, Seite 314.

39 Syrisch *Bar* = Sohn von; *Bar-Jona* = Sohn des Jona

40 Mt 20,18; Mk 10,34

41 Satanas = Gegner; jemand, der dagegen ist.

42 Buden oder Hütten, hergestellt aus grünen Zweigen oder Häuten, wie die indianischen Wigwams oder Hütten.

43 Vergleiche Penelopes Anrufung von Minerva: «Indem sie ihren Körper mit einem Schleier von glitzerndem Weiß bedeckte, rief sie Minerva.» (Odyssee 17,48)

44 Griechisch *epistatés* = Aufseher, Leiter; Befehlshaber; hier gebraucht wie das volkstümliche englische Wort «Boss» oder deutsch «Chef».

45 Mt 14,33;Mk 3,11; Lk 4,14; Joh 4,39–42; 7,41;9,35–38

46 Mt 1,1–16

47 Mt 1,18–20 und 25

48 Lk 1,34

49 Kol 1,16 und Eph 1,21; siehe auch Begriffsbestimmung «Himmel» am Schluß meines Buches.

50 Ps 110,1

51 Siehe die scharfen Anklagen gegen die «sieben Kirchen» (= Gemeinden) im zweiten und dritten Kapitel der *Offenbarung.*

52 So lautet die richtige Wiedergabe des griechischen Ausdrucks; auch 2,28 muß es heißen: «Ich werde ihm seinen Morgenstern geben.» (Siehe auch C.G. Jung: Mysterium Coniunctionis, 3. Teil: Aurora consurgens – die aufsteigende Morgenröte, Seite 114–115) Allegorisch ist dieser «Stern» die Seele, der Lichtbringer für die materielle Welt. So heißt es 2 Petr 1,19: «Bis der Tag anbricht und der Lichtbringer *(phósphoros)* in euren Herzen aufsteigt.» Wir erinnern auch an Jakob Böhme: AURORA oder Morgenröte im Aufgang, eine Erklärung zum Genesis-Bericht.

53 «Ein Sohn, der vollendet wurde durch den Äon (= Zeitalter)» – Hebr 7,28.

54 Das heißt: in vorangegangenen Äonen oder Evolutionsperioden.

55 Ähnlich bei den Göttern: «Zeus wurde zuerst geboren und wußte mehr.» (Ilias 13,355)

56 Röm 9,14–24

57 Griechisch *epouranioi* = himmlische Wesen, Götter: gleichwertig mit *theoi.* Hier sind offensichtlich die Seelen der Menschen gemeint – wie bei Joh 10,34, wo er Psalm 82,6 zitiert: «Ich habe gesagt: ‹Ihr seid Götter›.»

58 2 Sam 7,12–16;Mi 5,1; Mt 2,5; 22,42; Joh 7, 42; Röm 1,3; 2 Tim 2,8; 7,30

59 Gen 13,15; 17,8

60 Ein Lieblingsbild der Mystiker, z. B. Porphyrios (234–305): «Wie in jedem einzelnen Samenkorn, das in die Erde gesät wird, die ganze Kraft des Samens enthalten ist (da die ganze Pflanze daraus wird, d. Ü.), so ist in jeder Einzelseele (die in die Körperwelt eingeht, d. Ü.), die ja als Teil der immateriellen Allseele aufgefaßt werden kann, die ganze Kraft der Allseele enthalten und wirksam.» (Porphyrios, Sententiae 37, S. 44, 16/45,1 der Ausgabe von Erich Lamberz, Leipzig 1975). – Ebenso bei Joh 12,24: «Wenn das Weizenkorn nicht in die Erde fällt und stirbt, bleibt es allein; wenn es aber stirbt, bringt es reiche Frucht.»

61 2 Sam 23,1–5

62 «Unser irdisches Zelt» – der physische Körper (2 Kor 5,1)

63 Am 9,11

64 Offb 2,17

65 Porphyrios: Über die Höhle der Nymphen, § 22; Homer, Odyssee 13, 102/112.

66 Kommentar zu Scipios Traum, J. Willis, 1963, Buch 1,12,17.

67 Lk 22,31–32

68 Mt 14,28–31; Lk 5,8; Joh 13,8–9

69 Gal 2,11 und 13

70 Joh 19,26

71 1 Sam 19,2

72 1 Sam 18,1 und 3

73 Ex 3,6

74 Hebr 6,20; Gen 14,18–20; Ps 110,4

75 Das heißt: er war einer der todlosen Könige der «göttlichen Dynastien».

76 Griechisch *moné* = Bleibe, Aufenthalt an einem Ort. Die orthodoxe Übersetzung «Wohnungen» ist ganz unhaltbar, aber auch die Zeichensetzung. Die Stelle muß wie folgt heißen: *Im Haus meines Vaters gibt es viele Bleiben; wenn es aber nicht so wäre, würde ich euch gesagt haben, daß ich euch einen Platz bereite; und wenn ich gehe und euch einen Platz bereite, komme ich zurück und werde euch zu mir nehmen, so daß, wo ich bin, auch ihr sein könnt.*

77 Siehe Gen 3,7. Der «Baum der Erkenntnis» war kein Apfelbaum, sondern ein Feigenbaum; der Bodhibaum, unter welchem Buddha seine Erleuchtung hatte, war ebenfalls ein Feigenbaum. (Siehe Näheres bei A. und R. Klein: Buddha und Sokrates, unter Stichwort «Feige». D.Ü.)

78 Siehe Johannes 3,1–21. Wir erinnern auch daran, daß das deutsche Wort «Sarg» auf das griechische *sarx* = Fleisch zurückgeht. (Siehe Großer Duden, Band 7: Etymologie. D. Ü.) Wir verweisen auch auf unsere Anmerkung 5 oben.

79 Hebräisch *ge hinnom* = Tal von Hinnom – der böse Aspekt der psychischen Welt.

80 Siehe auch Gal 4,1–11

81 Gen 4,8

82 Num 22–24

83 Num 16,1–33

84 Griechisch *katabolé* = Gründung, Grundlegung (ein Fundament). Origenes (185–254) erklärt in seinen «Prinzipien», daß sich dieses Wort beim Gebrauch im *Neuen Testament* auf das Herabsteigen der Seelen aus den höheren, unsichtbaren Sphären in die niedrigeren, sichtbaren Sphären bezieht – mit anderen Worten: auf ihren «Fall in die Generation». Origenes: Vier Bücher von den Prinzipien, Seite 203.

85 Gen 4,8–10

86 2 Chr 24,20–22

87 Gemeint sind die geheimen Lehren der sog. Arkanmysterien. Dabei geht es um die alchimistische Arkansubstanz, das philosophische Gold, wozu auch das sog. Omega-Element gehört (Offb 1,8; 21,6; 22,13), wie es Zosimos von Panopolis im 3. Jahrhundert genannt hat. Über den Begriff der Arkansubstanz hat C. G. Jung in verschiedenen seiner Werke berichtet. Sie ist auch der Mercurius der Alchimisten, der als Mittler in Analogie zu Christus aufgefaßt wird. C. G. Jung: Zur Psychologie westlicher und östlicher Religion, Seite 303. D. Ü.

88 Siehe auch Mt 23,29–36

89 Siehe auch Mk 13,5–13

90 Mt 24,34

91 Joh 21,1–23

92 «Paulus» ist nur ein Rufname und bedeutet lateinisch«ein kleiner Mensch», möglicherweise zur Beschreibung seiner Gestalt, aber wahrscheinlicher als Bezeichnung dafür, daß er ein Initiierter oder Eingeweihter oder «Neugeborener» war. Er wird in der Apostelgeschichte Saulus genannt; aber es ist ungeklärt, wie sein wirklicher Name war oder derjenige des «Elymas», des «Zauberers» (denn so wird sein Name übersetzt), mit dem er

einst einen Wortwechsel, eine Art theurgisches Duell hatte, das schlimm für den Zauberer ausging. (Apg 13,8–11) Heute weiß man mehr über Paulus durch die neuen Funde frühchristlicher Literatur, die Julius Berstl bearbeitet hat: Paulus von Tarsus – ein Mann in zwei Welten. D. Ü.

93 1 Kor 15,8–9; Gal 1,13–16

94 Griechisch *ousia* = Sein, Essenz; Substanz, Eigentum. In philosophischem Sinn ist *ousia* die Primärsubstanz, die wirkliche Ursache aller Manifestation. Hier wird mit den beiden Bedeutungen des Wortes gespielt, wie auch bei *bios* = «Leben» und «die Mittel zum Leben». Diese Doppeldeutigkeit steckt offensichtlich in einer Reihe von seltsamen Ausdrücken, die in den Gleichnissen verwandt werden, zweifellos mit Absicht.

95 Wörtlich: «wurde übergesetzt». Durch Überquerung des «Flusses der Generation» und Inkarnierung in den physischen Körper wird die Seele den Sehnsüchten und Wünschen untergeordnet – den «Schweinen».

96 Der spitituelle Körper, das erste Kleid der Seele.

97 Jes 28,16; Sach 4,6–10

98 Oder: «Scheitelpunkt des Winkels»

99 Ps 118,22–23

100 Griechisch *likman* = den Weizen von der Spreu trennen, aussondern, sieben. Die Vulgata gibt die falsche Übersetzung: «mahlt ihn zu Pulver», Dr. Menge übersetzt: «zermalmen». – Das Gleichnis wird auch mit beträchtlichen Änderungen von Markus 12,1–11 und Lukas 20,9–18 berichtet.

101 Griechisch *ethnos* = Körper eines Volkes, Stammes, einer Rasse; besondere Klasse von Menschen, Kaste.

102 Gen 6,1–4

103 Mt 6,22; Lk 11,34

104 Joh 12,40 (zitiert aus Jes 6,10). Das benutzte Verb *póroun* bedeutet: «in Stein verwandeln», «versteinern». Die Einheitsübersetzung sagt «blind gemacht».

105 Mt 3,12

106 Gen 2,7–25; 3,1–24

107 Gen 6, 18; 9,7–17; 15,18; 17,2–11; Lev 26,42; Ex 24,7–8; Dtn 5,1–3; 29,10–15

108 Jer 31,31; Mt 26,28; Mk 14,24; Gal 4,23–26; Hebr 8,6–13; 9,7–16; im letzten Abschnitt des Hebräerbriefes hat das Wort *diathêkê* die Bedeutung von «Testament» oder «Wille».

109 Gen 3,7 und 10–12 und 16; 4,1–2

110 Mk 8,38

111 Mt 24,34; Lk 21,32; Apg 2,40

112 «Denn wie in Adam alle sterben, so werden in Christus alle

lebendig gemacht werden.» (1 Kor 15,22) Wir verweisen auch auf die Stichwörter «Zeugung» und «Zölibat» in unseren Begriffserklärungen am Schluß des Buches. D. Ü.

113 Offb 22,2 und 14; 2,7

114 Ex 20,5; mystisch ist «die dritte und vierte Inkarnation» gemeint.

115 Gen 15,5

116 Joh 1,3

117 Auch «Tartarus» genannt im 2 Petr 2,4

118 Offb 17,8 und 11; 19,20; Joh 17,12; 2 Thess 2,3; Hebr 10,39; 2 Petr 3,7. Siehe auch unsere Begriffserklärungen am Schluß des Buches unter «Achte Sphäre». D. Ü.

119 Irrtümlich übersetzt mit «ewigem Leben».

120 Offb 2,11; 20,6 und 14; 21,8

121 Offb 20,5 und 12; Joh 5,29

122 Hebr 11,1

123 «bei euch, meinen Kindern, für die ich von neuem Geburtswehen erleide, bis Christus in euch Gestalt annimmt.» (Gal 4,19)

* * *

Ergänzung des Übersetzers zu Seite 33–36: Hinsichtlich der Reinkarnationsreihen von Adam bis Jesus möchten wir noch auf die zwischenzeitlichen Forschungen von Robert Eisler verweisen: *Orphisch-dionysische Mysteriengedanken in der christlichen Antike,* darin besonders die Kapitel 35, 37, 39–41, wo auch die Bezeichnung «*Messias ben David*» oder «*König David redivivus*» (Seite 356) für Jesus erörtert wird.

* * *

Agnes Klein: ERLÄUTERUNGEN ZUM THEMA REINKARNATION AUS HEUTIGER SICHT

Vorbemerkung: Wie dem aufmerksamen Leser unserer Übersetzung aufgefallen sein wird, verwendet Pryse für die Grunddreiheit Körper – Seele – Geist auch andere Bilder wie physischer, psychischer und spiritueller Körper, das niedere und das höhere Selbst, Individuum, ohne auf die Unterschiede direkt einzugehen. Wenn es möglich wäre, eine feststehende Begriffsfolge aufzustellen, die für alle Menschen gültig sein könnte, so wäre das sicher bereits geschehen. Es gibt gewisse Schemata in bestimmten Religions- und Weltanschauungssystemen, die aber untereinander entscheidende Abweichungen aufweisen.

Was da festgelegt wurde, können nur Lehren oder Dogmen der Exoterik sein, also der Theorie. In der Praxis muß jeder Mensch selbst alle sieben Siegel des Lebensbuches öffnen (Apokalypse), nachdem er es verschluckt hat (Offb 10,10), d.h. selbst die Lehre geworden ist. Ein wirklicher Esoteriker = Praktiker der Lehre wird sie darum nicht vereinfachen, sondern höchstens eine noch fehlende Dimension hinzufügen. Aus der Verwendung bestimmter Begriffe kann der Wissende die angesprochene Dimension erkennen, also auf den Zustand des Aussagenden rückschließen. Esoterik ist nicht durch Dogmen erfaßbar; sie ist die obere Dreiheit des Geistes, wo auch die Lehre von der Reinkarnation der Seelen zu finden ist, die in der Exoterik wilden Spekulationen Raum geben würde, was auch immer wieder geschehen ist.

Das aber wollten die Kirchenväter des Konzils von Konstantinopel wohl unbedingt vermeiden. Schließlich löst sich der materielle Körper, von dem der weitaus größte Teil der Menschheit nur weiß, ja wirklich in seine Bestandteile auf und verliert jegliche Identität, wie laut Biologie nach sieben Jahren bekanntlich schon alle Materie mit kleinen Ausnahmen ausgewechselt ist. Das unsterbliche Individuum aber bleibt unerkannt. Um dessen Befreiung vom Rad der Wiedergeburten aber geht es im Neuen Testament, wodurch die Reinkarnationslehre überholt ist. Theoretisch ja, aber auch praktisch? Wären wir dann noch hier auf Erden als Sucher nach der Wahrheit?!

Da sich in den achtzig Jahren nach Erscheinen des Pryse-Buches manche Glaubensbasis wissenschaftlich erhärtet hat, wollen wir daraus den Teil aus heutiger Sicht bringen, der sich auf die Reinkarnation bezieht. Ergänzung dazu sind die anschließenden Begriffserklärungen, die immer auch im Hinblick darauf gegeben werden, daß der Dialog zwischen Ost und West noch intensiver werden möge. Von buddhistischer Seite hat dazu wesentliche Vorarbeit Ingetraut Anders geleistet, die im vorigen Jahr «Begriffe der Buddha-Reden mit Erklärung nach den Arbeiten von Paul Debes» in der Zeitschrift WISSEN UND WANDEL XXV 1–8 herausgegeben hat. Darin hat sie den Pâli-Ausdrücken jeweils eine deutsche Übersetzung beigefügt und auf weiterführende Literatur hingewiesen.

Reinkarnation oder Wiedereinkörperung, in den östlichen Religionen selbstverständlich, ist heute auch im christlichen Abendland ein Thema, das immer größere Bedeutung gewinnt. Richtig interpretiert, könnte es das Leben vieler frustrierter Zeitgenossen von Grund auf ändern, wenn diese tief innerlich begreifen würden, daß sie für alles, was sie in diesem Leben verursachen, in einem folgenden zahlen müssen. In diesem Zusammenhang wird in Ost und West das Gleichnis vom Sämann herangezogen: *Was der Mensch sät, wird er ernten. (Gal 6,7)* Umgekehrt aber hat der Mensch mit seinem jetzigen Schicksal das geerntet, was er im vorigen Leben – wann immer das abgelaufen ist – gesät hat.

Re-Inkarnation setzt also das Ablegen des Körpers oder den Tod voraus und bedeutet das Annehmen eines neuen Körpers, was auch als Auferstehung der Toten bezeichnet wird, wie sie uns Paulus im 1 Kor 15 erklärt. Daraus sind folgende Sätze für die Reinkarnation maßgeblich: *Adam, der erste MENSCH, wurde ein irdisches Lebewesen, der letzte Adam wurde lebendigmachender Geist. (1 Kor 15,45)* Ist damit nicht ein klares Evolutionsziel für den Menschen gewiesen, nämlich lebendigmachender Geist zu werden? Man kann aus der Formulierung auch bereits auf eine Reihe von «Adammenschen» schließen; es heißt nicht, der erste und der zweite, sondern der erste und der letzte Adam!

Ein weiterer Satz aus diesem Kapitel lautet: *Denn wie in Adam alle sterben, so werden in Christus alle lebendig gemacht werden. (1 Kor 15,22)* Bezogen auf den ersten Satz können wir daraus schließen, daß der letzte Adam als lebendigmachender Geist der Christus ist. Wie sich das im Menschen auswirkt, hat uns ebenfalls Paulus übermittelt: *Nicht mehr ich lebe, sondern Christus lebt in mir. Soweit ich aber jetzt noch in dieser Welt lebe,*

lebe ich im Glauben an den Sohn Gottes, der mich geliebt und sich für mich hingegeben hat. (Gal 2,20)

Als Paulus das *Christus*prinzip in sich lebendig spürt, bleibt sein *Lebens*prinzip diesem Christus gegenüber gläubig. Er hat keine anderen Wünsche mehr, als dem zu folgen, der von sich gesagt hat: *Ich bin der Weg und die Wahrheit und das Leben. (Joh 14,6)* Paulus sagt nicht: Ich bin Christus geworden, sondern sein Körper wurde zum Tempel des Heiligen Geistes. (1 Kor 6,19) Was aber reinkarniert bzw. umhüllt sich wieder mit Fleisch = Materie, wenn der Mensch noch nicht lebendigmachender Geist geworden ist?

Jeder Geistkern ist prinzipiell in allen Menschen ewig und unveränderlich gleich: er wurde nach der Erschaffung des menschlichen Körpers in dessen Lehm aus Erde eingehaucht (gr. *pneuma* = Atem, Hauch, Geist) und unterscheidet allein den Menschen vom Tier. (Gen 2,7) Seine Empfindungssubstanz, im Pflanzenreich entwickelt, wie auch seine Gefühlssubstanz, im Tierreich entwickelt, waren anfangs strukturell gleich in allen Menschen, wurden aber von jedem Individuum anders genutzt, als der Mensch selbständig zu denken und zu experimentieren begann: Der Mensch baute nicht mehr nach kosmischen Gesetzen, sondern ging von seinen persönlichen Bedürfnissen und Wünschen aus.

Ein Licht- oder Lebensfunke ruht in jedem Atom (hier aufgefaßt in der ursprünglichen griechischen Bedeutung als kleinstes Unteilbares). Die Strahlung dieses Energie- oder Lichtträgers kann heute vom Biochemiker bereits nachgewiesen werden.[1] Energie und Strahlung (= Bewegung) bauen sich nach ganz bestimmten kosmischen Gesetzen auf, deren Grundformen die fünf platonischen Regelkörper[2] sind. Sie existieren in vier Aggregatzuständen: fest, flüssig, gasförmig, plasmatisch und entsprechen den vier Elementen der Antike: Erde, Wasser, Luft und Feuer. Die fünfte Form ist dem All vorbehalten.[3] Sie wird auch als Blut oder Äther identifiziert zur Verschleierung des Begriffes «Liebe», des höchsten Prinzips dieser Erde: Gottesliebe gleich Nächstenliebe (Mt 22, 37–39). «Blut ist ein ganz besondrer Saft», läßt Goethe seinen Mephisto im Faust I sagen. Auch Pryse geht auf dieses Geheimnis am Schluß seines Buches kurz ein. (Siehe Seite 66 und die Anmerkungen von Pryse Nr. 5, 32 und 123)

Die Evolution vom Uratom bzw. Urknall bis zum durchstrukturierten Universum vollzog sich so lange ohne Störung oder Mängel – nämlich symbolisch gesprochen als Paradies –, als kein außergöttliches Bewußtsein entwickelt war, welches das erschaffene Gute[4] (nämlich von «Gott» kommend) «besser» machen wollte.[5] Das konnte erst geschehen, nachdem der ursprünglich wie Gott mannweibliche (gr. *androgyn)* Mensch (Gen 1,27) in zwei Geschlechter getrennt wurde. (Gen 2,21–23; Platon: Symposion 190 d–e)

Die Möglichkeit, in die ursprünglichen Naturvorgänge einzugreifen und auch andere Formen zu konzipieren, liegt allein im Erkenntnisbereich des Denkens, wodurch Erfahrung von Gut und Böse gesammelt werden kann, symbolisch dargestellt als das Essen der Frucht vom Baum der Erkenntnis des Guten und des Bösen (Gen 2,17), was schließlich nach vielen Reinkarnationen wieder zur Anerkenntnis Gottes als des Vaters oder – wie es im Gleichnis heißt –: zur Rückkehr des verlorenen Sohnes zum Vater führt. (Lk 15,11–32)

Mit dem Beginn des selbständigen Andershandelns fällt nach dem Alten Testament auch die Bewußtwerdung des Todes zusammen, der den in die Naturabläufe eingreifenden Gottessöhnen eine aktive Lebenszeit von jeweils bis zu 120 Jahren zugesteht (Gen 3,6), damit der Mensch dann ohne Körper mit angeschlagenem Seelenprinzip – denn jede gegen das kosmische Gesetz begangene Tat versetzt der Seele eine Wunde, woraus die sog. psychischen Komplexe zu erklären sind – zur Besinnung und Einkehr kommen kann.

Über diese Zwischenzeit bis zur Reinkarnation berichten die bekannten «Totenbücher» der Ägypter, Tibeter, Maya, Kelten wie auch das sog. abendländische Totenbuch.[6] Mit einem neuen Körper entsprechend den Resultaten des Vorlebens kann der Menschensohn dann seine Aufgabe der Bewußtwerdung des Geistkerns-in-sich weiterführen. Hier entspricht der östliche Begriff des Karmas dem christlichen Begriff der Erbsünde, die NICHT vom Vater auf den Sohn vererbt wird, sondern aus dem eigenen Vorleben stammt. Erst nach der Erkenntnis von Gut und Böse vermehrt sich die Menschheit unbeschränkt und muß sich mühselig ernähren, (Gen 3,16–19) weil sich der Mensch der bisherigen natürlichen Auslese widersetzt.

Sehen wir uns nun den oben zitierten Satz von Paulus nochmals an: *Adam, der erste MENSCH, wurde ein irdisches Lebewesen, der letzte Adam wurde lebendigmachender Geist.* Wir wissen heute, daß es menschenähnliche Formen seit etwa fünf Millionen Jahren auf der Erde gibt,[7] welche aber «als Art offenbar denselben Gesetzen und Beschränkungen unterlagen, welche die Anzahl der übrigen Tiere auf Erden bestimmten. Dann begannen sie sich vor etwa 4000 Jahren mit einemmal rasch zu vermehren ...» Was war da geschehen?

Um in den Bildern des Alten Testamentes zu bleiben, beging etwa um diese Zeit der Mensch die erste bewußte Tat gegen Gott: das Essen vom Baum der Erkenntnis des Guten und Bösen. Adam, der erste MENSCH = Denker (von lat. *mens,* Sanskrit *manas* abgeleitet) ging den Weg hinaus aus Gottes Paradies und lernte das Gesetz von Ursache und Wirkung bzw. Saat und Ernte kennen. (Gen 6,1–2) Sein Gottes- oder Geistfunke hatte sich geregt. Bis er zum «letzten Adam» = Christus als Prototyp des Menschensohnes wurde, vergingen viele Reinkarnationen dieses «Wortes Gottes»[8] mit dem Namen Adam. Genau 42 zählt Matthäus 1,1–17 auf, «zufällig» die Zahl der Entwicklungsstufen, die vor der Wiedergeburt als Gottkönig bei den alten Ägyptern geprüft wurden?[9] Ebenso im Tibetanischen Totenbuch kommen diese 42 Gottheiten vor, und zwar als diejenigen des Herzzentrums,[10] wie auch bei den Ägyptern das Herz des Verstorbenen geprüft wird, der Sitz seines bewußten Willens und seines moralischen Gewissens.[11] Doch nicht nur Pharaonen und Pharaoninnen (Hatschepsut), sondern auch jeder andere Wissende konnte diesen Weg der Rechtfertigung vor den 42 Göttern gehen, ausführlich von Champdor am Papyrus Ani erläutert.[12] Danach verkörpern die 42 Richtergottheiten die 42 kanonischen Sünden des Menschen, hier bei Matthäus als Geschlechterfolge wiedergegeben. Daß es sich dabei nicht um einen üblichen Stammbaum handelt, ergibt sich eindeutig aus der Tatsache, daß Josef, der Mann Marias, nicht der Vater Jesu war, wie Matthäus anschließend in den Versen 18–25 erklärt.

Dieser letzte Adam nämlich war lebendigmachender Geist geworden und zeugte in einer körperlich reinen Jungfrau mit Namen Maria (= das Meer) seinen letzten irdischen Körper, wie auch die Gottgeburten in den erwachsenen ägyptischen

Pharaonen beschrieben werden.[13] Sie entsprechen dem, was bei Johannes 3,3–13 die Wiedergeburt aus Wasser und Geist genannt wird, die im erwachsenen, vollbewußt gewordenen Menschen stattfindet – was Nikodemus offensichtlich nicht begreift: «Er kann doch nicht in den Schoß seiner Mutter zurückkehren!» (Joh 3,4) Doch auf Jesus trifft das zu: er wurde aus Maria = Wasser durch den Heiligen Geist geboren[14], wie auch Melchisedek «ohne Vater, ohne Mutter und ohne Stammbaum ist, ohne Anfang seiner Tage und ohne Ende seines Lebens, ein Abbild des Sohnes Gottes: dieser Melchisedek bleibt Priester für immer». (Hebr 7,3)

Jungfrauengeburten gibt es auch in anderen Mythologien, z. B. bei Krishna in Indien[15], Xipetotec im alten Mexico[16], den Skuschogs in Tibet[17] und den Bodhisattvas im Buddhismus[18]. Wenn Joh 3,13 ausdrücklich sagt: *Niemand ist in den Himmel hinaufgestiegen außer dem, der vom Himmel herabgestiegen ist: der Menschensohn,* so bezieht sich dies auf den bewußtgewordenen Geistkern des Menschen, wie auch Paulus sagt: *Fleisch und Blut können das Reich Gottes nicht erben; das Vergängliche erbt nicht das Unvergängliche. (1 Kor 15,50)* Gemeint ist das Lichtkleid der Verklärung (Offb 3,4): es beendet den Kreislauf der Reinkarnationen und wird auch als «Morgenstern» oder «Morgenröte» bezeichnet. (Siehe Anm. 52 zum Pryse-Buch) *Verschlungen ist der Tod vom Sieg! (1 Kor 15,54)*

Ähnlich drückte sich vor rund 100 Jahren der bekannte französische Kabbalist Eliphas Levi aus: *«Der Tod ist die notwendige Auflösung unvollkommener Verbindungen. Er ist die Wiederaufsaugung des Individuums in das große Werk des universellen Lebens; nur das Vollkommene ist unsterblich. Der Tod ist ein Bad im Vergessen.[19] Er ist der Jungbrunnen, wo auf der einen Seite das Alter hineinspringt und auf der anderen die Kindheit heraussteigt.»*[20]

Von dieser unsterblichen Vollkommenheit heißt es Mt 5,48: *Ihr sollt also vollkommen sein, wie es auch euer himmlischer Vater ist.* Lev 19,2 drückt sich so aus: *Ihr sollt heilig sein, denn ich, der Herr, euer Gott, bin heilig!* Diese ursprüngliche Vollkommenheit hat Leonardo da Vinci nach Platons Symposion 189e in seinem Proportionskanon des Vitruvius (1. Jh. v. Chr.) durch die sog. Quadratur des Kreises dargestellt (unser Titelbild, beschrieben als Abbildung 1)[21]:das männliche oder Geistprinzip ist der Kreis, das weibliche oder MATER-ielle Prinzip das Quadrat, der androgyne Mensch darin mit 4 Armen und 4 Beinen, wie ihn Platon an derselben Stelle des Symposions beschreibt. Aus diesem Grunde wurde der alchemistische Merkurius als der «Runde und Viereckige» bezeichnet[22], woraus für den Freimaurer Zirkel und Winkelmaß als Werkzeuge zum rechten «Tempelbau» wurden.

Stoltzius von Stoltzenberg hat diese Entwicklung zur Vollkommenheit 1624 in seinem Chymischen Lustgärtlein dargestellt. Seine Figur 51 (unsere Abbildung 2) zeigt ebenfalls mit Quadrat und Kreis das Weibliche und Männliche, was als Erklärung der Leonardo-Figur angesehen werden könnte. Stoltzenberg zeigt hier erst den Beginn der Chymischen Hochzeit, während Leonardo das erreichte Ziel vorführt. Die weiteren Stufen zeigt Stoltzenberg in seinen Figuren 98–105 (unsere Abbildungen 3–8 und 11–12). Seine Zielfigur 105 bringt im gleichseitigen Dreieck in der unteren Ecke den Körper als Würfel, links oben die Seele als Sonnenlicht (= Morgenstern) und rechts oben den Geist als Androgyn: Sonne und Mond vereint.

Chr. Louis Herre: Die Seele der gotischen Kathedralbaukunst, Kap. VII: Die vier Räder des Ezechiel, das Münsterkreuz und die Inschrift SATOR-ROTAS (Seite 97–100), konstruiert diese Quadratur des Kreises wie folgt: In den Ecken des Quadrates die vier Räder des Ezechiel (Ez 1,4–21), die sich im Kreis schwingen, gebildet aus den Buchstaben des magischen Quadrates SATOR-ROTAS, in dem Kuno Graf von Hardenberg das Paternoster, das Gebet des Herrn (Mt 6,9) entdeckt hat (Rosenkreuz und Bafomet, Seite 18–19), ebenfalls mit den vier Gestalten aus Ezechiel: Mensch – Löwe – Stier – Adler, später die Symboltiere der Evangelisten.

Eine äußerst denkwürdige Lösung zur Quadratur des Kreises ist das Westfenster der Kathedrale in Orvieto (Italien) aus dem 14. Jh. (Abb. 13) Der Baumeister Orcagna benutzt die mystischen Zahlen des Tarot-Spieles, die er folgendermaßen untergebracht hat: Die 22 großen Arkana sind die Speichen des Rades in der Mitte, jeweils als Säulen ausgebildet; die 56 kleinen Arkana sind zweigeteilt: 4×13= 52 bilden das Quadrat, bestehend aus Köpfen, in den Ecken sind die vier großen Kirchenväter mit Namen dargestellt: Gregorius – Hieronymus

– Augustinus – Ambrosius. Den Mittelpunkt von Quadrat und Kreis füllt Christus aus.

Der bereits zitierte Eliphas Levi nennt in seinen «Einweihungsbriefen an den Baron Spedalieri» Kreis und Quadrat mit Kreuz das Pantakel von Eden.[23] In der Kreisbewegung des Kreuzes sieht er in Brief 10 die wirkliche Quadratur des Kreises, in Brief 99 den Aufbau der Urquadratur durch Sonne und Mond, wiederum die Symbole des Männlichen und Weiblichen, wie er sie dann in Brief 115 noch einmal deutlich als das Siegel des Hermes oder Merkurius zeichnet. Er geht darin auch auf die Ursymbolik des TAROT ein (Stichwort im Register der kabbalistischen Bezeichnungen): abgeleitet aus Quadrat und Kreis.

Etwa gleichzeitig mit Stoltzenberg bringt 1618 Michael Maier eine ähnliche Darstellung des Androgyns von «Mann und Weib im Zirkel und Quadrangel»: Emblema XXI über «die geheime Natur».[24] 1616 hatte Joh. Valentin Andreae in seiner Chymischen Hochzeit Christian Rosencreutz am Ende des siebenten Tages am Tor ankommen lassen, vermeintlich um Torhüter zu sein; denn der irdische Mensch wußte nicht, daß er «heimgekommen» war. Als diese Tür bezeichnet sich auch Christus (Joh 10,7). Buddhistisch ist es das Tor der Gegenwart (siehe Anders' Begriffe): Vergangenheit und Zukunft sind überwunden.

Aus dieser kurzen Darstellung der Reinkarnationsproblematik im Lichte des Alten und Neuen Testamentes zeigt sich eindeutig, warum das Konzil von Konstantinopel 553 diese Wiedereinkörperung als nicht mehr zutreffend für den wahren Christen abgeschafft hat. Die vier vorhergegangenen großen Konzilien[25] von Nicaea (325), Konstantinopel (381), Ephesus (431) und Chalcedon (451) hatten Jesus Christus immer klarer als Erlöser oder Messias unseres Zeitalters herausgearbeitet und jedem wirklichen Christen die Befreiung aus der Sterblichkeit des Körpers durch die «Nachfolge Christi» in Aussicht gestellt. (Joh 8,12) Wenn diese Möglichkeit von den meisten Christen bis heute nicht genutzt, ja nicht einmal verstanden wird, ändert dies nichts an der Tatsache, daß die Reinkarnation durch die «Rückkehr zum Vater» überwunden werden kann. Daß das «Evangelium» diese «gute Nachricht» oder «frohe Botschaft» ist, steht auch im Vorwort, Seite 11, der neuen Einheitsübersetzung der Heiligen Schrift, wenn es da heißt: *«Mit diesem Wort – nämlich dem griechischen euangélion – benannten die Christen ihre Verkündigung von dem endgültigen Heil, das Gott durch Jesus Christus allen Menschen* **anbietet.»**

Der Auftrag zur Verkündigung dieser frohen Botschaft in der ganzen Welt ist direkt von Christus gegeben worden, wenn Markus 16,15 schreibt: *Geht hinaus in die ganze Welt und verkündet das Evangelium allen Geschöpfen!* Und Paulus bestätigt diesen Auftrag im Brief an die Kolosser 1,23: *In der ganzen Schöpfung unter dem Himmel wurde das Evangelium verkündet; ihr habt es gehört, und ich, Paulus, diene ihm.*[26]

Gerade aber wegen dieser Verkündigung der Erlösung vom Rad der Wiedergeburt sollten wir als wahre Christen die Reinkarnationslehre als solche nicht ablehnen. Sie gilt für jeden Menschensohn so lange, bis er – in mystischen Bildern gesprochen – das leuchtende Hochzeitskleid (Mt 22,11) des vollkommenen Bewußtseins lückenlos gewebt, den Tempel des Heiligen Geistes (1 Kor 3,17) wieder aufgebaut hat, so daß er beim jüngsten oder für ihn letzten Gericht von allen 42 Richtern freigesprochen wird. In der Apokalypse des Johannes wird zweimal von 42 Monaten der Prüfung gesprochen (11,2 und 13,5), was wiederum den 42 Vorgeburten Jesu entspricht, bis er als Gottmensch geboren wird. Das Herz eines solchen Gottmenschen gerät nicht um eine Feder aus dem Gleichgewicht.[11] Andernfalls würde ihn der Drache der Wiedergeburt verschlingen.[27] Die Seele würde wieder in einen Körper «eingekerkert», wie es Platon im Kratylos 400c und Phaidon 62b berichtet.[28]

Es wird allerdings auch niemand leugnen, daß nicht diejenigen, die den Weg des vollkommenen Gehorsams gegenüber dem Vater – DEIN WILLE GESCHEHE (Mt 6,10) – gegangen sind, die Geschichte des Christentums der vergangenen 2000 Jahre geschrieben haben: sie verließen meist ohne viel Aufhebens diese Erde für immer. Ja, sie konnte sogar nur dadurch geschrieben werden, daß viele Christen das Ziel des Christentums noch nicht erreichten, sondern wiedergeboren wurden. Sonst wäre – wie im Evangelium immer wieder angekündigt – die Endzeit dagewesen, die jedoch tatsächlich nur für diejenigen gegolten hat und noch heute gilt, die den Weg des vollkommenen Gehorsams bis zum Tode gehen (Phil 2,8). Alle übrigen, noch nicht für diesen Weg reifen Menschen müssen auch heute noch – wie in der östlichen Welt gelehrt wird – reinkarnieren und ernten, was sie im Guten wie im Bösen gesät haben (Gal 6,7). Gott läßt sich nicht täuschen, fügt Paulus an dieser Stelle hinzu. Darum gehören auch wir Heutigen zu denjenigen, für welche die damals verkündete Endzeit noch nicht gekommen ist.

Daß wir im allgemeinen unsere Vorleben nicht kennen, erklärt Platon mit dem Trunk des Vergessens, den die Seele vor der Wiedereinkörperung zu sich nehmen muß. (Politeia 621a) Doch erkennt jeder rein äußerlich leicht bei sich und seinen Mitmenschen, wie weit bewußt sich der einzelne inzwischen geworden ist. *An ihren Früchten werdet ihr sie erkennen. (Mt 7,16)* Verantwortlich für seine Taten aber ist allein der Mensch selbst und steht am Ende seiner Tage auch allein vor Gottes Richterstuhl. Darum sagten die alten Griechen: *Mensch, erkenne dich selbst!* Die Verschiedenheit der menschlichen Anlagen innen und außen ist nur durch die Reinkarnationslehre logisch zu begründen, wenn wir uns nicht als Spielball Gottes betrachten wollen!

James Morgan Pryse, der Verfasser der Abhandlung über die Reinkarnation im Neuen Testament, deren Übersetzung aus dem Amerikanischen wir hiermit ergänzen, war unter besonderen Umständen als junger Mensch 1886 mit Helena Petrowna Blavatsky (1831–1891) bekannt geworden und half ihr bis zu ihrem Tode bei ihren Veröffentlichungen. Nach seinen eigenen Angaben war er aber wohl kein Mitglied der Theosophischen Gesellschaft.[29] Näheres über sein Leben konnte nicht in Erfahrung gebracht werden. Die von ihm außer diesem Erstlingswerk veröffentlichen Bücher finden sich in der Bibliographie dieses Buches unter seinem Namen. Sie entstanden in der Zeit von 1909–1925 und wurden von seinem Bruder John M. Pryse in New York herausgegeben.

In seinem Werk über die Reinkarnation bringt Pryse einige Beispiele für Reinkarnationsfolgen aus dem Alten Testament ins Neue Testament. Ob wir sie als solche anerkennen oder nicht, ist nicht entscheidend für unsere eigene Entwicklung. Es hat im Osten immer wieder prominente Beispiele des Wiedererkennens gegeben. Denken wir z. B. an die bisherige Nachfolge des Dalai Lama in Tibet, für den einfach bis zur

Entdeckung seiner Reinkarnation ein Regent eingesetzt wurde. Irgendwie wurde er meist schon als Kind an ganz bestimmten Erkennungsmerkmalen identifiziert und dann für seine zukünftige Aufgabe herangebildet.[30]

Seit einigen Jahrzehnten gibt es von USA und England ausgehend die sog. Reinkarnationstherapie, wie sie in Deutschland Thorwald Dethlefsen anwendet.[31] Es geht in der Hauptsache darum, ob Psychischkranke dadurch geheilt werden können, daß sie die Ursache ihrer Komplexe, Störungen bzw. Verstümmelungen psychosomatischer Art erkennen und sich durch das Wissen um deren Zusammenhänge davon befreien. Wir verweisen wegen Einzelheiten über solche Rückführungen in vergangene Leben auf die entsprechenden Bücher von Thorwald Dethlefsen (Bibliographie im Anhang), die über seine Praxis mit der Reinkarnation berichten und jedem Materialisten zu denken geben sollten.

Über das Was und Wie der Reinkarnation brauchen wir uns in diesem Zusammenhang keine Gedanken zu machen.[32] Was da möglich ist, wurde seit Tausenden von Jahren aufgeschrieben, besonders intensiv in den verschiedenen Richtungen des Hinduismus und Buddhismus. Daß manches dem westlichen Menschen unannehmbar erscheint, liegt nach unserer Erfahrung zum Hauptteil daran, daß die einzelnen Begriffe über die Zusammensetzung des Menschen und die jenseitige Welt unterschiedlich verwendet werden, und das ganz besonders bei den Grundbegriffen Körper – Seele – Geist – Gott. Aus diesem Grunde fügen wir für unsere Übersetzung einschließlich dieser Erläuterungen ein kleines Lexikon von Begriffen an, wie sie in Ost und West gemeinsam verstanden werden könnten. Eigentlich müßte dazu jeder Begriff siebenfach aufgeschlüsselt werden. Auf westlicher Seite ist ein Schritt zur Verständigung die in den letzten Jahren erarbeitete «Einheitsübersetzung der Heiligen Schrift» für einen großen Teil der christlichen Bekenntnisse.[33] Wir haben deren Text den von Pryse direkt aus dem Griechischen übersetzten Versen jeweils gegenübergestellt, während er im Original die 1900 autorisierte Übersetzung dazu verwendet hatte. Auch die in der Einheitsübersetzung von 1980 festgelegten Abkürzungen der einzelnen Schriften wurden ausnahmslos benutzt (Aufstellung Seite 631–633).

Wenn es in absehbarer Zeit eine ebensolche Einheitsübersetzung der buddhistischen Texte geben würde, könnte damit eine ökumenische Annäherung zwischen östlicher und westlicher Religion gefördert werden, wozu diese beiden Arbeiten über die Reinkarnation beitragen möchten. Daß vielfach noch die Palibegriffe benutzt werden, weil sich die Übersetzer über deren Inhalt nicht einig sind, ist sicherlich bis heute das größte Hindernis auf dem Weg zur brüderlichen Verständigung – nach der Problematik der Reinkarnation, die wir mit unseren Ausführungen weitestmöglich zu beseitigen versuchten.

Doch gibt es seit einigen Jahrzehnten bereits Ansätze und Versuche zum Brückenschlag, wie folgende Titel von westlicher Seite beweisen:

Evans-Wentz: Milarepa, darin Seite 21–23: Vergleich zwischen Kargyütpas und christlichen Gnostikern
Lassalle, H. M. Enomiya S. J.: ZEN-Meditation für Christen
Mensching, Gustav: Buddha und Christus – ein Vergleich
Schmidt, K. O.: Brücken der Einheit von Ost und West
von Mangoldt, Ursula: Buddha lächelt – Maria weint
von Weizsäcker, C. F./ Gopi Krishna: Biologische Basis der Glaubenserfahrung
Waldenfels, Hans S. J.: Absolutes Nichts – zur Grundlegung des Dialogs zwischen Buddhismus und Christentum
Zimmer, Heinrich: Der Weg zum Selbst – Lehre und Leben des Shrî Ramana Maharishi

Von östlicher Seite zählen dazu die Werke von Ramana Maharshi (1879–1959), der die Praxis des Christentums der östlichen Praxis, das Ziel der Befreiung von der Reinkarnation zu erreichen, gleichgestellt hat; ferner P. J. Saher: Evolution und Gottesidee – Studien zur Geschichte der philosophischen Gegenwartsströmungen zwischen Asien und dem Abendland, ferner: Indische Weisheit und das Abendland.

Ein ganz besonderer Weg der Annäherung zwischen Ost und West führt über geistige Zusammenhänge in der Psychologie, Biologie und Physik:

Capra, Fritjof: Der kosmische Reigen – Physik und östliche Mystik – ein zeitgemäßes Weltbild
Jung, C. G.: Zur Psychologie westlicher und östlicher Religion
Schönberger, Martin: Verborgener Schlüssel zum Leben – Welt-Formel I-Ging im genetischen Code, Einführung von Lama Anagarika Govinda, auch als Fischer Taschenbuch Nr. 1877 erschienen.

Es gibt ferner bereits Tagungen zum Thema Reinkarnation. Die Zeitschrift ESOTERA 2/79 berichtete über die Tagung der katholischen Akademie der Erzdiözese Freiburg i. Br. am 7./8. Oktober 1978: Reinkarnation – eine alte Frage neu gestellt, dargestellt von Dr. Sigrid Lechner-Knecht. Dieselbe Autorin schrieb in ESOTERA 6/79 über «Phänomene der Unsterblichkeit» mit ausführlichen Literaturangaben.

Auf der diesjährigen Tagung des Vereins zur Förderung und Erforschung geistiger Heilweisen e.V. in Bonn (1.–3.8.80) mit dem Thema: «Reinkarnation und Karma in den Weltreligionen» sprach Peter Michel über «Reinkarnation und Karma im Christentum». Auch er ergänzte seinen Vortrag durch weiterführende Literaturangaben.

Hier stellen wir die Frage von Pryse etwas anders: Erfordert die Wiederanerkennung der Reinkarnation für den noch nicht vollkommenen Christen eine Änderung der Heiligen Schrift? Wir sagen nein. Daß diese Lehre sowohl im Alten Testament wie auch im Neuen Testament als selbstverständliche Basis vorhanden ist, hat James Morgan Pryse mit seiner Arbeit bereits nachgewiesen. Die Nachfolge Christi nach dem Neuen Testament aber befreit vom Rad der Wiedergeburten, wie wir dann zu ergänzen versucht haben. Die Theorie darüber ist im Neuen Testament vorhanden, und zwar so vielfältig in den einzelnen Schriften dargestellt, daß jeder seinen Weg der Nachfolge Christi darin finden kann – wobei seine Silberschnur (Prediger = Koh 12,6) zwischen Körper und Seele ihm als Ariadnefaden durch das Labyrinth des Lebens dienen soll.

Zusammenfassend wiederholen wir: das Ziel aller großen Religionen in Ost und West ist für alle Menschen beiderlei Geschlechts dasselbe: der Mensch soll vollkommen sein, wie es auch sein himmlischer Vater ist. (Mt 5,48) Der Weg dahin aber führt über viele Reinkarnationen oder Wiedereinkörperungen des Geistfunkens, bis dieser zur vollen Gotteskindschaft erwacht ist und die Werke tut, die Jesus getan hat. (Joh 14,12)

ANMERKUNGEN ZU DEN ERLÄUTERUNGEN

von Agnes Klein

1 Wir denken hier an die sog. Kirlianfotografie, über die Ostrander/Schroeder in ihrem Buch PSI berichtet haben, verweisen aber auch auf die Forschungsergebnisse über Biophotonen von F. A. Popp im Zusammenhang mit der Krebsforschung.

2 Über diese Urstrukturen informiert der Vortrag von A. und R. Klein: Urformen von Symbolik und Mythologie – auf der Spur von Platons Regelkörpern. Ausführliche Bibliographie ist beigefügt. Ende 1980 erscheint als Quest-Taschenbuch auch die dort erwähnte Untersuchung von Dr. Stephen M. Phillips unter dem Titel: Extra-Sensory Perception of Quarks (außersinnliche Wahrnehmung von Quarks).

3 Platon: Timaios 55c

4 Im Genesisbericht wird nach jeder Schöpfungstat berichtet, daß sie gut war: Gen 1,4; 1,10; 1,12; 1,18; 1,21; 1,25; 1,31. Auf die Bedeutung dieses Satzes weist Joachim Illies hin: Der Mensch in der Schöpfung, Seite 22.

5 Hier verweisen wir auf das Buch von Erich Jantsch: Die Selbstorganisation des Universums – vom Urknall zum menschlichen Geist. In seiner Zusammenfassung (Seite 411) schreibt er: «*Naturgeschichte, unter Einschluß der Menschengeschichte, kann als Geschichte der Organisation von Materie und Energie verstanden werden. Sie kann aber auch als Organisation von Information in Komplexität aufgefaßt werden. Vor allem aber kann sie als Evolution von Bewußtsein – das heißt von Autonomie und Emanzipation – und von Geist aufgefaßt werden. Geist erscheint nun als Selbstorganisations-Dynamik auf vielen Ebenen, als eine Dynamik, die selbst evolviert. In dieser Hinsicht ist Naturgeschichte immer auch Geistesgeschichte* ...» – In dieser ersten Phase der Vollendung des Universums bestand nach Illies aaO «*eine magische Direktverbindung der Menschen untereinander und mit Gott*». (Seite 117) Der Mensch brauchte wie die Tiere nicht zu arbeiten, um zu leben. Erst nach der Erkenntnis des Guten und Bösen, synonym für die Trennung in Geschlechter, und die damit verbundene erste Sünde gegen Gottes ausdrückliches Gebot (Gen 2,17) entwickelte sich – und zwar nur beim Menschen – der Kehlkopf für artikuliertes Sprechen. (Illies aaO Seite 115–120)

6 Das ägyptische Totenbuch gibt es in einer Bearbeitung von Gre-

goire Kolpaktchy und von Albert Champdor; das tibetanische Totenbuch mit den Nach-Tod-Erfahrungen auf der Bardo-Stufe ist herausgegeben von W. Y. Evans-Wentz; das Totenbuch der Maya wurde übersetzt und kommentiert von Paul Arnold. Als keltisches Totenbuch bezeichneten Alwyn und Brinley Rees deren «Reisen in andere Welten» in ihrem leider noch nicht übersetzten Buch: Celtic Heritage: Voyages, Seite 325. Hans Biedermann bringt davon einiges in seinem neuen Band: St. Brandanus – der irische Odysseus. Schließlich wird als abendländisches Totenbuch das zweibändige Werk von K. O. Schmidt bezeichnet: Und der Tod wird nicht mehr sein – wir leben nicht nur einmal. Der Untertitel des ersten Bandes lautet: Jenseitserfahrung und Unsterblichkeitsgewißheit, und geht auch auf die östliche Erfahrung ein.

7 Das Zitat stammt von Seite 293 des Buches von David Attenborough: Das Leben auf unserer Erde – vom Einzeller zum Menschen – Wunder der Evolution. Über diese Geburt des wirklichen Menschen und seines Ichs berichtet auch Sri Ramana Maharshi: Die Suche nach dem Selbst, Seite 67.

8 Hier wird Bezug genommen auf das erste Kapitel des Johannes-Evangeliums: *Im Anfang war das Wort, und das Wort war bei Gott, und das Wort war Gott.* Wir verweisen aber auch auf den Schluß von Anmerkung 5 über die Entstehung des Kehlkopfes beim Menschen.

9 Kolpaktchy bringt diese 42 Götter in seinem «Totenbuch» aus dem Papyrus Nebseni, Seite 190–194, als das sog. negative Glaubensbekenntnis.

10 Evans-Wentz: Tibetanisches Totenbuch, Seite 230–232: diese 42 Gottheiten des Herzzentrums werden dort auch die «friedlichen» genannt.

11 So heißt es vom Herzen des Verstorbenen, das auf der Waage gegen die Feder der Wahrheit gewogen wird. Siehe Näheres bei Champdor: Das ägyptische Totenbuch, Seite 99.

12 Champdor: Das ägyptische Totenbuch, Seite 91–98.

13 Wir verweisen auf Hellmut Brunner: Die Geburt des Gottkönigs – Studien zur Überlieferung eines altägyptischen Mythos, und auf Gertrud Thausing: Der Auferstehungsgedanke in ägyptischen religiösen Texten.

14 Bei dieser «Wiedergeburt aus Wasser und Geist» ist Voraussetzung das, was in der Apokalypse des Johannes als die «Hochzeit des Lammes» mit der himmlischen Braut bezeichnet wird, im Mittelalter *unio mystica* oder später Chymische Hochzeit genannt. Basis ist die Wiedervereinigung der männlichen und weiblichen Hälfte, wie es auch Platon im Symposion 193 c–d als höchstes Ziel hinstellt. Das Gleiche gilt im Tibetischen, wo diese Vereinigung

Yab-Yum, Sanskrit Deva-Shakti heißt und im Tantrismus so vielfach mißverstanden wird. Siehe Näheres bei Evans-Wentz: Tibetanisches Totenbuch, Seite 231, Anm. 6.
Doch auch das chinesische YIN-YANG-Symbol ist hier zu erwähnen, wie es Sukie Colgrave in ihrem entsprechenden Buch behandelt hat. Daß diese Wiedergeburt IM Menschen für Männer und Frauen gleich ist, bestätigt auch Gotama Buddha, wie Karl Eugen Neumann in den Reden Gotamo Buddhos: Längere Sammlung, Seite 674, Anm. 390, ausdrücklich feststellt. Diese Gleichheit wird auch im Vortrag von A. und R. Klein: Buddha und Sokrates, Seite 4, Punkt 6 hervorgehoben.

15 Über Krishna berichtet die Bhagavad Gita, die es in vielen Übersetzungen gibt. Eine neuere Besprechung bringt Mircea Eliade in Band 2 seiner «Geschichte der religiösen Ideen», Seite 204: Krishna ist eine Inkarnation des Vishnu, was in etwa eine Parallele zu Jesus-Christus darstellt. Auch Krishna zeigt die Wege zur endgültigen Befreiung auf (Seite 206) und offenbart, wie der Mensch an der Vervollkommnung des göttlichen Werkes mitarbeiten kann (Seite 208). Und hört man in der folgenden Stelle aus der Bhagavad Gita nicht fast Johannes: *Wer Mich überall sieht und alle Dinge in Mir, den verlasse ich niemals, und er verläßt mich niemals. Wer, NACHDEM ER SICH IN DER EINHEIT FESTGEMACHT HAT, mich anbetet, der Ich in allen Lebewesen wohne, dieser Yogin wohnt in Mir. (Eliade Seite 209–210)*

16 Xipetotec bedeutet mexikanisch: «Unser Herr, der Geschundene». Wegen seiner vielfältigen Aufgaben in der Welt verweisen wir auf den Registerband zu Eduard Seler: Gesammelte Abhandlungen zur amerikanischen Sprach- und Altertumskunde, Seite 561–563.

17 Ein tibetanischer Skuschog ist die Inkarnation eines Buddha oder eines Heiligen früherer Zeitalter. Näheres in dem Werk von Ribbach: Drogpa Namgyal, ein Tibeterleben, Seite 23 und 240, Anm. 11.

18 Im gleichen Buch wie Anm. 17, Seite 44 und Seite 241, Anm. 23, heißt es vom Bodhisattva: er ist ein vollkommenes göttliches Wesen, das auf Grund seiner durch viele Geburten fortgesetzten Anstrengungen zur Erlangung der Befreiung von den Fesseln irdischen Seins, durch Tugendstreben und gute Werke endlich die Erleuchtung (bodhi) und damit die Anwartschaft auf die Erlösung durch Verwehen ins Nirvana erlangt hat. Aus Erbarmen zu den noch im Kreislauf der Wiedergeburten leidenden Lebewesen verzichtet er noch auf die endgültige Auflösung, um an dem Erlösungswerk teilzunehmen. So war Gautama Buddha bis zu seinem «Verlöschen» im Nirvana ein Bodhisattva. Er wurde durch einen weißen Elefanten (statt einer Taube) gezeugt (Ions Seite 126) und aus der Achsel seiner Mutter geboren (Lommel Tafel 62).

19 Über diesen Trunk des Vergessens aus dem Lethefluß berichtet Platon in der Politeia 621a.

20 Diese seinem Schüler und Freund Baron Spedalieri gegebene Erklärung ist abgedruckt im 2. Band der von Dr. Norbert Lauppert herausgegebenen und kommentierten Mahatma-Briefe an A. P. Sinnett und A. O. Hume, Seite 172.

21 Eine Wiedergabe dieser Zeichnung findet sich bei Mereschkowski: Leonardo da Vinci (1452–1519), Tafel zu Seite 465: Proportionsstudien. Venedig, Akademie: Größe 0.343×0,245. Beschreibung als Abbildung 1 dieses Buches.

22 Auch Erich Buchholz bringt diese Zeichnung von Leonardo in seiner «Schriftgeschichte als Kulturgeschichte», Seite 26, unter Hinweis auf Platons Symposion, welcher Zeichnung er noch ein Vexierbild von Rembrandt (1606–1679) hinzufügt, darstellend einen Mann, der sehnend die Hände nach dem weiblichen Quadrat ausstreckt. Auch Max Steck: Dürers Gestaltlehre der Mathematik und der bildenden Künste, bringt Leonardo als Abb. 44 und Rembrandt als Abb. 129. Er erwähnt auch Seite 90, daß Dürer (1471–1528) sich mit Platon beschäftigt hat, jedoch auch Dürers enge Beziehung und Verwandtschaft zu Leonardo, besonders Seite 114–115.

23 Eliphas Levi: Einweihungsbriefe in die Hohe Magie und Zahlenmystik, Brief 66 und viele weitere Erläuterungen dazu unter dem Stichwort «Eden» im Namenregister.

24 Michael Maier: Atalanta Fugiens, Seite 92–93. Auch der in Anm. 22 zitierte Buchholz bringt Seite 49 diese Zeichnung und Seite 50 die Quadratur des Kreises aus H. Jamsthaler, dazu folgendes Zitat aus dem alchimistischen *«Rosarium Philosophorum»: Mache aus Mann und Frau einen runden Kreis und ziehe aus diesem das Viereck und aus dem Viereck das Dreieck aus; mache einen runden Kreis, und du wirst den Stein der Philosophen haben.* Er weist auch auf die Synthese von Mann und Frau als *filius hermaphroditus = Sohn von Hermes und Aphrodite* hin, wonach die geheimnisvolle Wandlungssubstanz der Alchimie «rund und viereckig» ist.

25 Ausführlich berichtet über diese Konflikte Horst Dallmayr: Die grossen vier Konzilien: Nicaea – Konstantinopel – Ephesus – Chalcedon. Evans-Wentz: Milarepa, Seite 22, erinnert daran, daß für die frühen gnostischen Christen die Lehre von der Wiedergeburt von grundlegender Bedeutung war.

26 Auf diese Problematik der Verkündung der Frohen Botschaft sind A. und R. Klein besonders in ihrem Vortrag: Sokrates und Johannes, Seite 12 und Seite 19, eingegangen. Eine Untersuchung der apokalyptischen Literatur bringt H. H. Rowley: Apokalyptik, ihre Form und Bedeutung zur biblischen Zeit.

27 Die Darstellung dieses Drachen unter der Waage bringt Champdor aus dem Papyrus Hunefer zwischen Seite 56 und 57.

28 Auch Eliade: Geschichte der religiösen Ideen, 2. Band, berichtet über diese sog. Seelenwanderung und die Unsterblichkeit der Seele Seite 163–167. Er vergleicht darin die Lehre der Orphiker mit den entsprechenden Stellen in den Upanishaden: die Seele muß bis zu ihrer schließlichen Erlösung wandern.

29 Wir entnehmen dies seinem Traktat «Memorabilia of H. P. Blavatsky» (Erinnerungen an H. P. Blavatsky), als Anhang ohne Datum dem 2. Band des Werkes «The Restored New Testament» (Das wiederhergestellte Neue Testament) hinzugefügt. Sonst ist Pryse nur kurz in der «Short History of the Theosophical Society» (Kurze Geschichte der Theosophischen Gesellschaft) von Josephine Ransom im Jahre 1890 erwähnt: «Among her staff workers were ...» (Zu ihrem Stab gehörten ...) Unter den dann folgenden zehn Namen steht: «James Pryse, American, making possible the development of the printing department» (James Pryse, Amerikaner, ermöglicht die Vergrößerung der Druckerei).

30 Ausführlich berichtet darüber die Encyclopaedia Britannica unter dem Stichwort: Reincarnate lamas. Doch auch Matthias Hermanns: Das National-Epos der Tibeter Gling König Ge Sar, berichtet darüber Einzelheiten Seite 400. Schließlich müssen hier die Angaben von Pryse über die Reinkarnationen von H. P. Blavatsky angeführt werden, wie er sie in seinen «Memorabilia» (Anm. 29 oben) über die Begründerin der Theosophischen Gesellschaft gebracht hat: sie sei im vorigen Leben der berühmte Paracelsus gewesen und nach Verlassen ihres Körpers in einen bereits lebenden indischen Rajah wiedereingekörpert. Von einer solchen Einkörperung in einen lebenden Körper berichtet Pryse auch im Zusammenhang mit der Reinkarnation von Johannes dem Täufer. Darüber hat uns auch Einzelheiten Lobsang Rampa gebracht, der das Buch über seine vorherige Inkarnation in Tibet schrieb: Das dritte Auge – ein tibetanischer Lama erzählt sein Leben. Er hat nunmehr offiziell auch seinen früheren Namen wieder angenommen und inzwischen eine Menge weiterer Bücher verfaßt, die aber noch nicht ins Deutsche übersetzt wurden.

31 Wir verweisen insbesondere auf sein Werk: Schicksal als Chance, welches die ganze Problematik der Reinkarnation tiefschürfend untersucht. Dethlefsen hat auch ein großes Kurs- und Ausbildungsprogramm zusammengestellt. Interessenten mögen sich wegen weiterer Auskünfte wenden an das Privatinstitut für außerordentliche Psychologie, Ainmillerstr. 35, D–8000 München 40.

32 Eine gute Zusammenstellung hat Ian Currie herausgebracht: Niemand stirbt für alle Zeit – Berichte aus dem Reich jenseits des

Todes. Für unsere Ausführungen sind daraus die Schlußbemerkungen über die sieben Ebenen wichtig, nach deren Absolvierung die Einheit mit Gott steht. *Ich und der Vater sind eins. (Joh 10,30)* Doch wir erinnern an dieser Stelle nochmals an das bereits zitierte sog. Abendländische Totenbuch von K. O. Schmidt (1903–1977): Und der Tod wird nicht mehr sein – Wir leben nicht nur einmal. Eine weitere ausführliche Erklärung bringt Alfons Rosenberg unter dem Titel: Die Seelenreise – Wiedergeburt, Seelenwanderung oder Aufstieg durch die Sphären, außerdem hat er 1974 eine Sammlung von Stellungnahmen dazu herausgegeben mit dem Titel: Leben nach dem Sterben.

33 Diese Einheitsübersetzung der Heiligen Schrift: Das Neue Testament, wurde herausgegeben im Auftrag der Bischöfe Deutschlands, Österreichs, der Schweiz, des Bischofs von Luxemburg, des Bischofs von Lüttich, des Bischofs von Bozen-Brixen, des Rates der Evangelischen Kirche in Deutschland und des Evangelischen Bibelwerks in der Bundesrepublik Deutschland, 3. Auflage der Endfassung 1980.

BEGRIFFSERKLÄRUNGEN

nicht als Dogma oder etwa Glaubensinhalt gegeben, sondern durch Hinweis auf einschlägige Literatur (Auswahl) zum Weiterstudium und besseren Verständnis der «Reinkarnation im Neuen Testament» zusammengestellt; wir verweisen dazu auch generell auf die Definitionen von Pryse am Schluß seines Buches und werden in besonderen Fällen sein entsprechendes Stichwort angeben. Sie gehen über den von Pryse gezogenen Rahmen beträchtlich hinaus, weil das Thema «Reinkarnation» heute bereits öffentlich diskutiert wird. Auf Abgrenzungen einzelner Begriffe gegeneinander wurde verzichtet, weil dazu Bewertungen erforderlich wären. Wegen der nicht zitierten Werke einzelner Autoren verweisen wir auf die folgende Bibliographie, wegen fehlender Stichwörter auf das Personen- und Sachregister.

ACHTE SPHÄRE: Siehe auch diesen Begriff bei Pryse, Stichwort «Verdammnis» und Anmerkung 118 dazu. Im bereits aus vorchristlicher Zeit stammenden Tierkreis – siehe Biedermann: Handlexikon, Stichwort «Zodiakus» – ist sie das Haus des Skorpions oder Haus des Todes, welches zum Haus der Auferstehung in diesem Leben werden muß: Symbol Adler des Johannes. Das Ablegen des Körpers folgt dann im 12. Haus. So ist der Ausspruch im Philippus-Evangelium zu verstehen: erst erfolgt die Auferstehung, dann der Tod (Spruch 21 und 90), nämlich die Auferstehung des Christus in uns, wie Paulus es von sich sagt: *Nicht mehr ICH lebe, sondern Christus lebt in mir. (Gal 2,20)* Das Ichwesen der materiellen Persönlichkeit mit ihren Begierden und Wünschen (siehe «Materie») ist gestorben. – Auch im Buddhismus führt der achtfache Pfad zur Erleuchtung. Bei den alten Ägyptern war Hermopolis die Stadt der acht Urgötter und dem Gott Thoth = Hermes geweiht, der die Seelen zum «Licht» (ägyptisch «acht») führte. Weitere Einzelheiten siehe A. und R. Klein: Buddha und Sokrates, Stichwort «Acht».

AEON, griechisch AION: von Pryse in der Bedeutung als Zeitalter benutzt, ohne diese Zeit näher zu definieren. Aion ist aber auch personifiziert als «Zeitgeist», nicht im modernen Sinn, sondern als Geist eines ganzen Zeitalters. In dieser antiken Bedeutung hat ihn C. G. Jung analysiert im zweiten Teil von Band IX der Gesamtwerke: AION. Damit war das Fischezeitalter gemeint, dessen Herrscher der Christus ist. Nach Jungs eigenen Worten untersucht er darin anhand der christlichen, gnostischen und alchemistischen Symbole des Selbst die Wandlung der psychischen Situation innerhalb des «christlichen Aeons».

ANDROGYN: mannweiblich, Eigenschaft der Unsterblichkeit, des Gottesprinzips und damit unveränderlich; erst durch die Trennung in Geschlechter (Gen 2,21–23, Platon Symposion 190 d-e) wird Freiheit des Handelns = Andershandelns gegeben, deren letztes Ziel aber die bewußte Rückkehr zur Androgynität ist durch die UNIO MYSTICA oder tantrische Vereinigung in jedem Menschen, gleich ob Mann oder Frau, und zwar durch Schaffung des Gleichgewichts beider vollentwickelter Prinzipien, wodurch der ursprüngliche Zustand der Unveränderlichkeit und damit Zeitlosigkeit in Gott durch das Christusprinzip wiederhergestellt ist. – Symbolisch wird dieses Ziel auch als die Quadratur des Kreises dargestellt (siehe unser Titelbild), Konjunktion von Sonne und Mond (Symbolik des Thoth wie auch der Hathor = Isis = Maria), chymische Hochzeit des Christiani Rosencreutz (Autor: Andreae). Auch nach indischem Mythos war der Urmensch androgyn (Ions, Seite 29). Und im Philippus-Evangelium heißt es: *«Als Eva in Adam war, gab es keinen Tod. Als sie sich von ihm trennte, entstand der Tod. Wiederum, wenn er sich mit ihr vereinigt und den Tod zu sich nimmt, wird kein Tod mehr sein.» (Spruch 71 und 78)* Auch der menschliche Embryo ist anfangs androgyn.

APOKALYPTIK: Im Zusammenhang mit der Reinkarnation sind die verschiedenen Apokalypsen als Darstellung der «Endzeit» damit auch gleichzeitig Beschreibungen der letzten Inkarnation. Die bei weitem berühmteste ist die Johannes-Offenbarung, das letzte Buch des Neuen Testamentes. Ausführlich hat sich mit diesem Thema H. H. Rowley auseinandergesetzt: Apokalyptik, ihre Form und Bedeutung zur biblischen Zeit. Auch Gustav Mensching widmet ihr ein Kapitel in seinem Buch: «Buddha und Christus – ein Vergleich», Seite

46–48. James M. Pryse nannte seine Übersetzung und Kommentierung der Johannes-Offenbarung im Untertitel: Esoterische Interpretation der Einweihung des Johannes. Als solche Apokalypse müssen auch die berühmten «Bekenntnisse» des Kirchenvaters und Heiligen Augustinus verstanden werden.

ASTRALWELT: Bezeichnung der Evolutionsebene des Tierbereichs für die Entfaltung der Gefühle. Sie wurden von altersher mit Sternbildern in Verbindung gebracht, worauf auch der Begriff «Tierkreis» in der Astronomie/Astrologie zurückgeht. Solange das äußerlich als Mensch erscheinende Wesen noch von seinen tierischen Begierden und Trieben abhängt, steht es unter dem Gesetz des Tierkreises, das da alttestamentarisch lautet: Auge um Auge, Zahn um Zahn. (Ex 21,24) Matthäus erklärt dann, wie der vollkommene, wissende Mensch reagiert. (Mt 5,38–42)

AUFERSTEHUNG: Sie wird in zweifacher Bedeutung erklärt: einmal ist Auferstehung mit der Wiedereinkörperung = Reinkarnation gleichzusetzen, wenn auch zunächst entsprechend der angehäuften Erbsünde (= Karma). Im Christentum wird darunter die letzte Auferstehung wie bei Jesus verstanden, der dann nicht wieder ins Fleisch zurückkehrt. Siehe auch «Erlösung». Wie schwer dieses Problem verständlich zu machen ist, beweisen die Sprüche 21 und 90 des Philippus-Evangeliums: *«Die sagen: ‹Der Herr ist zuerst gestorben und dann auferstanden›, irren. Er ist nämlich zuerst auferstanden und starb dann. Wenn jemand nicht zuerst die Auferstehung erwirbt, wird er sterben. Während Gott (in ihm) lebte, wurde jener Staub.»* Spruch 90 lautet ähnlich. Dies ist nur verständlich durch die Bedeutung der achten Sphäre (siehe dort), die sowohl Todeshaus für das Ich (Symbol: Skorpion) wie auch Auferstehungshaus (Symbol Adler) für den Christus ist.

BEWUSSTSEIN: Im Buddhismus ist es das zentrale psychische Organ, das den Kern des im Mutterleib entstehenden Lebewesens bildet, woraus die geistig-leibliche Individualität entsteht, die aus «Nichtwissen» schließlich nach vielen Inkarnationen das vollkommene Bewußtsein aufbaut. (Mensching aaO Seite 130 f.) Heute betrachten auch die Physiker das

Bewußtsein als integralen Bestandteil des Universums und sagen, daß nur durch Bewußtsein die Gesetze der Quantentheorie folgerichtig formuliert werden konnten. (Capra, Seite 301) Capra empfiehlt zum Verständnis der Zusammenhänge direkt das Studium östlicher Mystik. – Bewußtsein entwickelte sich nach Johannes von Buttlar vor 500 Millionen Jahren (Seite 137). Der Osten kennt drei Bewußtseinszustände: Wachzustand, Traumschlaf, Tiefschlaf, die zum «Turiya» führen, dem Geistbewußtsein. Siehe H. P. Blavatsky: Die Stimme der Stille, Seite 95, Anm. 18.

BÖSE, das: nach dem Alten Testament Verhaltensweise nach dem Essen der Frucht des Baumes der Erkenntnis von Gut und Böse und damit den Tod verursachend. (Siehe auch Androgyn) Von da an mußte der Mensch arbeiten, um zu leben, was Tiere und Pflanzen nicht brauchen. Zerstörung der Unschuld und des paradiesischen Glückes der Menschen (Schlaraffenland) finden wir auch bei vielen anderen Völkern, wie Edmund Spiess: Entwicklungsgeschichte der Vorstellungen vom Zustande nach dem Tode, Seite 68, geschrieben hat. In der östlichen Welt ist das Böse = Mara, die personifizierte Versuchung, ein Dämon wie Luzifer = Lichtträger, mit einem Juwel in seiner Krone von blendendem Glanz. Siehe H. P. Blavatsky aaO, Seite 95, Anm. 17.

CHRISTUS = griechische Übersetzung des hebräischen Wortes Messias, deutsch Erlöser, König, Gesalbter. Im Alten Testament wird der Messias nur bei Mi 5,1 erwähnt als der Herrscher, der aus der Stadt Davids, nämlich Bethlehem, hervorgehen soll. *Sein Ursprung ist in der Vorzeit, in unvordenklichen Tagen,* heißt es dort weiter. Im Neuen Testament ist Christus dann der vollkommene Gottessohn, «eins mit dem Vater» (Joh 8,12), «der Weg und die Wahrheit und das Leben» (Joh 14,6). Also befreit die Nachfolge Christi jeden von seinen «Absonderungen» vom richtigen Pfad (= Sünden), so daß er nicht mehr reinkarnieren muß. Hier liegt die Parallele zum Gautama Buddha, der auch nicht mehr reinkarnierte (Mensching aaO, Seite 61), wie dies ebenso Sokrates von sich sagte. (Phaidon 63c)

DREIFALTIGKEIT: Basilius formulierte sie für das Konzil von Konstantinopel 381 wie folgt: *Wir bekennen in der Gottheit ein einziges Sein, eine einzige Wesenheit; denn der Begriff Sein läßt sich nicht unterschiedlich anwenden. Dagegen fassen wir als Bezeichnung der Eigenheit das Wort Person und erhalten so von dem Vater, dem Sohn und dem Heiligen Geist unvermischte und deutliche Begriffe. (Dallmayr Seite 81)* Im Sanskrit heißt sie Trimurti: nämlich Brahma, Vishnu/Krishna, Shiva, wobei Brahma die Erschaffung, Vishnu/Krishna die Erhaltung und Shiva die Zerstörung der Welt symbolisch darstellen. Diese Lehre von der Dreieinheit besagt demnach, daß Gott sich in drei Aspekten in der Welt manifestiert – also sehr ähnlich der christlichen Trinität. Siehe Ursula von Mangoldt: Kleines Wörterbuch zum Verständnis asiatischer Weltanschauung, Stichwort Trimurti. – Wir haben diese Gottdreiheit auch in der nordischen Mythologie als Odin, Wili, We oder bei den Germanen als Wotan, Donar, Loki, ägyptisch Osiris, Isis, Horus oder Amun, Mut, Chons (Theben), in der jüdischen Kabbala Kether, Binah, Chokhmah, womit wir nur eine kleine Auswahl der mythischen Dreiheiten genannt haben.

ENDZEIT: Dan 12,4; Mt 25,31–46; Judas 18; Offb 1,3 und 22,10 stehen Hinweise auf das allgemeine Ende der Zeit, dem Ende eines Brahmajahres vergleichbar, mit dem das Letzte Gericht verbunden ist, auch das Jüngste Gericht genannt. – Daneben gibt es diesen Begriff für das persönliche Gericht z. B. 1 Kor 11,29–32, bis der Christus im Menschen geboren ist (Gal 4,19) und nicht mehr der Mensch lebt, sondern Christus in ihm. (Gal 2,20) Dies ist gleichzeitig für ihn das Ende der Reinkarnationen, weswegen die Hindus in ihrer heiligen Stadt Benares sterben wollen: Ein Bad im Ganges befreit sie vom Rad der Wiedergeburt, wie ein Film am 9. 9. 80 im ersten deutschen Fernsehprogramm zeigte: *Benares, die heilige Stadt am Ganges.* Pryse bespricht diese beiden Endzeiten am Schluß seines Buches unter dem Stichwort: «Auferstehung».

ENGEL: sog. Gottessöhne ohne Sündenfall – im Gegensatz zu den gestürzten Engeln, die «Gott» sein wollten. Auch für diese sog. Teufel gibt es eine Erlösung. (Origenes) Siehe auch Stichwort «Himmel». Das Wort «Engel» bedeutet soviel wie Bote,

Gesandter. Doch hat nach Mt 18,10–11 auch jeder seinen Schutzengel. Siehe auch Anm. 35 zum Pryse-Buch.

ERBSÜNDE = Karma (Sanskrit): das Schicksal in allen guten und schlechten Anlagen im jetzigen Leben, verursacht durch entsprechende eigene Handlungen im vorhergehenden oder mehreren vorhergehenden Leben (Ex 20,5: nach Pryse die dritte und vierte Inkarnation gemeint, siehe seine Anmerkung 114). Karma wird auch das «Gesetz des Handelns» genannt, das den Menschen an «Ursache und Wirkung» bindet. Erbsünde ist erst seit dem sog. Sündenfall möglich, als der Mensch anfing, selbstverantwortlich «anders» zu handeln, als Gott es gewollt hatte. Vor diesem Zeitpunkt spricht man in der Evolution des Universums vom Gesetz der Auslese, das alles Unvollkommene ausmerzte und schließlich den vollkommensten irdischen Körper möglich machte, der «ein Tempel des Heiligen Geistes» (1 Kor 3,16) werden kann.

ERKENNTNIS: Sie hebt Unwissenheit nach und nach auf und führt schließlich zur Erleuchtung. Sie unterscheidet sich von bloßer Kenntnis durch das innere Erlebnis, die innere Erfahrung dessen, was erkannt wird. Siehe auch «Wissen».

ERLÖSUNG: Durch fortschreitende Erkenntnis bzw. Erfahrung der Wahrheit befreien wir unseren Geistkern aus seinem Grab, dem Körper (Gorgias 493 nach Platon), damit er nicht mehr zu reinkarnieren braucht. Platon sagt von dieser Erlösung im Phaidon 114c: *Diese leben für alle künftigen Zeiten gänzlich ohne Leiber und kommen in noch schönere Wohnungen …* Platon ist es auch, der für jede unsterbliche Seele (= Geistkern) einen Stern existieren läßt (Timaios 41d ff.) Ernst Benz hat in seiner «Kosmischen Bruderschaft» zur Pluralität der Welten Stellung genommen. In jedem Fall ist mit Erlösung aber auch die Befreiung vom Rad der Wiedergeburten gemeint. Es ist das Aufgehen des Ichs im Selbst, des Geistfunkens im Feuer, des Tropfens im Ozean, wie H. P. Blavatsky in der «Stimme der Stille» übersetzt (Seite 34–35).

ESOTERIK: Pryse benutzt dieses Wort im pythagoreischen Sinn als die Praxis der christlichen Nachfolge. Man verstand darunter die Einweihung «innerhalb des Vorhangs», der nach bestandener Prüfung eine Art Priesterweihe folgte. Siehe Näheres bei Baltzer, Seite 95. Auch Frauen zählten zu den Esoterikern, die damals einen Geheimkult hatten. (Baltzer, Seite 136) Esoterik wurde bis in unsere Zeit als «Okkultismus», also Geheimlehre betrachtet, bis Theologen wie Gerhard Wehr sie als die eigentliche Praxis des Christentums herausstellten: Esoterisches Christentum. Siehe auch Anm. 5 zur Pryse-Übersetzung.

EVOLUTION: vom Urknall bis zum heutigen Bewußtsein. Nach dem Hinduismus gibt es unendlich viele Evolutionszyklen, die sich immer wieder auflösen. Man spricht vom Ein- und Ausatmen Brahmas. Ein einziger seiner Tage hat 4.320.000 Erdenjahre. (Ions, Seite 25). Wir verweisen hier auf die Forschungen von Jantsch, Capra und Attenborough.

EWIGKEIT: Zeit ist Werden aus der Vergangenheit über die unfaßbare nullte Dimension der Gegenwart in die Zukunft; Ewigkeit ist durch unveränderliches Sein faßbare Gegenwart. Ewigkeit ist für die Hindus das Maha-Kalpa oder eine Periode von 311.040.000.000.000 Jahren. H. P. Blavatsky übersetzt in der Stimme der Stille (Seite 19):*Gib dein Leben auf (nämlich das Werden), wenn du leben willst (nämlich Sein).* Sie verweist dazu auf entsprechende Stellen bei Mt 10,39, Lk 17,33, Joh 12,25: «Wer an seinem Leben hängt, verliert es; wer aber sein Leben in dieser Welt gering achtet, wird es bewahren bis ins ewige Leben.» So heißt es auch im Römerbrief: *Das Ende ist das ewige Leben. (6,22)* Und wenn im 1 Petr 4,7 steht: *Das Ende aller Dinge ist nahe!*, so gilt dies von den Menschen, *die mit den Worten Gottes reden, die aus der Kraft dienen, die Gott verleiht. (4,11)* Siehe auch «Endzeit».

EXOTERIK: Im Gegensatz zu «Esoterik» (siehe dort) ist ein Exoteriker nach Pythagoras ein Uneingeweihter, der nur in der Vorhalle unterwiesen wurde, nicht aber «hinter dem Vorhang» von Pythagoras selbst. Dasselbe Prinzip galt bei den sog. Katechumenen oder Taufbewerbern im frühen Christentum, die den eigentlichen Kirchenraum nicht betreten durften. Sinnigerweise wurde der Vorraum der Kirchen «Paradies» genannt: die Ungetauften trugen also noch keine Verantwortung! Damit sind alle Exoteriker, die noch nicht den «Christus in sich» erweckt haben (siehe auch Gleichnis vom schlafenden Jesus: Mt 8,24; Mk 4,38), keine echten Nachfolger Christi in der Praxis, wenn sie vielleicht auch die Theorie aus dem Evangelium kennen. Nur «Nachfolger Christi» wie Paulus, die in diesem Leben auferstanden sind, haben sich vom Rad der Reinkarnation befreit. Danach sind wir heute Lebenden noch keine Praktiker der Lehre Jesu Christi gewesen – sonst würden wir nicht mehr in irdischen Körpern stecken. Doch solange wir noch unseren Körper haben, besteht Hoffnung.

FEGEFEUER: zeitweiliger Läuterungsort gemäß 2 Makk 12,40–46; Mt 12,32; 1 Kor 3,10–15, als Purgatorium besonders von Dante in seiner «Göttlichen Komödie» gestaltet. In Platons Politeia, 10. Buch ab 614, wird dieser Zwischenzustand bis zur nächsten Inkarantion ebenfalls eingehend beschrieben: im Bericht des ER, nach welchem schließlich jeder selbst sein neues Schicksal bei der Reinkarnation wählt (617e) und Gott daran keine Schuld trägt, wie es wörtlich heißt. Es ist also das Fegefeuer die Zeit zwischen zwei Inkarnationen.

FEIGENBAUM: Beim Zitat von Joh 1,48–51 weist Pryse in Anmerkung 77 und seiner Erläuterung auf die Vorexistenz des Natanaël hin, insbesondere im Zusammenhang mit dem Bild der auf- und absteigenden Engel. (Siehe auch Abb. 9 und 10 und deren Beschreibung) Sachs/Badstübner/Neumann: Christliche Ikonographie, Stichwort «Feige», Seite 130–131, bringen den Grund für die Änderung des Feigenbaumes der Erkenntnis von Gut und Böse im Paradies in einen Apfelbaum: er sei in der Antike Symbol der Fruchtbarkeit gewesen. – Wie Manfred Lurker im Wörterbuch biblischer Bilder und Symbole (Seite 91–93) ergänzt, hatte der Feigenbaum bereits im altindischen Glauben die Bedeutung des Weltenbaumes und wurde mit dem Gott Vishnu/Krishna gleichgesetzt. Die Kirchenväter stellten Christus als Weinstock neben den Feigenbaum des Heiligen Geistes. Auch Buddha erhielt seine Erleuchtung unter einem Feigenbaum, dem Bodhibaum.

FREIHEIT: Sie ist erst dann verwirklicht, wenn der Geistkern «befreit» ist (Gal 5,1) und in voller Verantwortung den «Willen des himmlischen Vaters» tut. Wer in Freiheit seinen eigenen Trieben leben will, bindet sich in Wirklichkeit immer stärker an das Karmagesetz von Ursache und Wirkung, was aber bedeutet, daß Freiheit für «oberflächliche» Menschen gar nicht besteht, sondern ein Wahn ist. «Sie wissen nicht, was sie tun!» (Lk 23,34) Die Freiheit durch Christus macht uns zu Kindern Gottes (Röm 8,21). Aber im Gal 5,13 fügt Paulus hinzu: *Ihr seid zur Freiheit berufen, Brüder. Nur nehmt die Freiheit nicht zum Vorwand für das Fleisch, sondern dient einander in Liebe!* Beim Gautama Buddha ist Verstehen und Durchdringen der Freiheit eine Voraussetzung für das Ende des «Wiederseins». (Neumann: Längere Sammlung, Seite 267)

GEIST: griechisch *pneuma* = Hauch, Atem; Sanskrit *Atman,* auch *Purusha,* als Prinzip bei der Erschaffung des Menschen nach dem Bilde Gottes in ihn eingehaucht (Gen 1,27 und 2,7); Bewußtseinsbasis, die nach dem Sinn des Lebens fragt, auch Individuum, Uratom mit Urerinnerung genannt; er unterscheidet den Menschen vom Tier. Als Emanation Gottes ist er unsterblich und unveränderlich. Christusprinzip oder Wort Gottes nach Joh 1; Buddhaprinzip.

GLAUBE: Was wir nicht rationell beweisen können, gehört in den Bereich des Glaubens. Dies gilt für alle jenseitigen Vorstellungen bzw. Spekulationen, die für den einzelnen Menschen Erfahrung sein können, für Außenstehende aber Glaubenssache bleiben müssen. Aus diesem Grunde bleibt auch jegliches Evangelium über die erfolgte Erlösung eines anderen so lange Glaubenssache, bis der Betreffende diese Erlösung selbst in sich erfahren hat und dann innerlich *weiß.*

GOTT = BRAHMA: Urprinzip der Schöpfung ohne Zeit und Raum, in sich die ganze Fülle des Seins enthaltend, ausgedrückt durch die Dreifaltigkeit (siehe dort). Die buddhistischen «Götter» der einzelnen jenseitigen Ebenen sollten mit dieser letzten Ursache – ursachenlos – nicht verwechselt werden, ebenso nicht die «Götter» der alten Ägypter, Griechen, Babylonier, Römer, Kelten etc. In letzterem Sinne ist nämlich jeder wahre Christ ein Gott: Joh 10,34–36 zitiert Psalm 82: Ihr seid Götter. Wir empfehlen zu dieser Stelle die Ausarbeitung von Johannes Werner Klein: Ihr seid Götter – die Philosophie des Johannes-Evangeliums.

HIMMEL = Reich Gottes, nicht von dieser Welt (Joh 18,36), aus neun Sphären oder Hierarchien bestehend, von denen Erzengel und Engel die untersten Stufen sind. Näheres bei Alfons Rosenberg: Engel und Dämonen, Seite 134. – Die buddhistische Auffassung von himmlischen Sphären ist hier wesentlich differenzierter; wir erinnern an den sog. dreiunddreißiger Himmel, der uns merkwürdig an das erreichte Lebensalter Jesu von 33 Jahren erinnert. Inhaltlich stimmt «Himmel» mit dem Begriff Nirvana überein, welches Nichts von dieser Erde, aber das Sein in Brahma ist.

HÖLLE: nach Augustinus mit Finsternis gleichzusetzen (Gottesstaat, 11. Buch, Band II, Seite 223–234), die auch die Menschen sind, bis sie «Licht im Herrn» sind (Eph 5,8; 1 Thess 5,5). Sachs/Badstübner/Neumann haben über «Hölle» (Seite 179–181) viele Hinweise und Darstellungen gebracht, wie auch Dante sie in der «Göttlichen Komödie» beschreibt. Entsprechende Vorstellungen über die Hölle als die Unterwelt gibt es in allen Mythen, ebenso im Hinduismus und Buddhismus. Es ist prinzipiell die Welt ohne Anschauung Gottes. Siehe Pryse Stichwörter «Unterwelt», «Verdammnis» am Ende seines Buches und seine Anmerkung 36 zum Begriff «Dämon» und 117 zu «Gehenna».

ICH – Ego – Ichbin: Bezeichnung für Christus nach den sieben Ich-bin-Worten, worüber deutlich der Theologe Gerhard Wehr ab Seite 30 seines Buches geschrieben hat: Esoterisches Christentum – Aspekte – Impulse – Konsequenzen. Wir erinnern auch an den Nietzsche-Ausspruch: *Du sollst der werden, der du bist* (weiterer Titel von Gerhard Wehr). Die negative Seite als Ichzentralität und Egoismus sollte uns daran erinnern, bei Verwendung von «Ich» und «Ego» zunächst den damit verbundenen Inhalt zu klären, ehe wir uns auf Streitgespräche einlassen.

INDIVIDUUM: das «unteilbare», ureigene «Wort Gottes»,

nach dem jeder Mensch ein Gottessohn ist und dieses «Wort» zur vollen Entfaltung bringen soll. Dazu kann anfangs wohl allgemeine Lehre und Schulung helfen. Je mehr der Mensch ein bewußtes Individuum wird, je mehr nähert er sich seinem innereigenen Christuswort und erfüllt und predigt das «Evangelium» von seiner eigenen Erlösung durch die Nachfolge Christi. (Gal 2,20 und 4,19)

IONA: «Insel der Druiden» (Gsänger, Seite 37, 63, 104), winzige Insel im brausenden Meer vor Schottland, zu den Inneren Hebriden gehörend. Von ihr sagt eine alte gälische Prophezeiung, daß Christus zuerst auf Iona wiederkommen werde (Gsänger Seite 119). Fiona Macleod alias William Sharp (1856–1905) schrieb in seinem Buch: Das Reich der Träume (Seite 9), sie sei der Mikrokosmos des Gälentums. Dann folgte seine Monographie: Iona. – Inzwischen hat George Macleod 1938 auf Iona eine ökumenische Gemeinde gegründet, welche es sich zur Aufgabe gemacht hat, die Ruinen aus der Zeit Columbans wieder aufzurichten, die dann 1959 als vollständige Klosteranlage mit Genehmigung der Kirche von Schottland geweiht wurden. Sicherlich kann Ionas keltische Geschichte manches zum sog. ungeschriebenen keltischen Totenbuch (siehe Anm. 6 Klein) beitragen. Die Verschmelzung des Kreises mit dem Kreuz, eine besondere Form der Quadratur des Kreises, geht auf die irische Christianisierung zurück, die auf der Identität des keltischen Sonnengottes mit Christus basiert. Nicht geklärt ist der Name. Geht Iona auf den Sohn Apolls Ion zurück? Apoll war ebenfalls der Gott des Lichtes. Platon hat ihm einen Dialog geweiht: Ion. – Dion Fortune: Selbstverteidigung mit PSI (Stichwort Iona), erwähnt dreimal ein merkwürdiges Ereignis auf Iona Ende der zwanziger Jahre, zu dem wir eine Erklärung versucht haben. Näheres über Iona und seine ökumenische Gemeinde (Iona Community) findet sich in der Encyclopaedia Britannica unter diesen Stichwörtern.

JAKOBSLEITER: Im «Traum» (siehe dort) sieht Jakob eine Leiter von der Erde bis zum Himmel (Gen 28,12), auf der Engel auf- und absteigen. Joh 1,51 erwähnt ebenfalls auf- und absteigende Engel. Pryse sieht darin einen Hinweis auf Reinkarnationen in verschiedenen Entwicklungsstufen, die mal höher, mal tiefer liegen können. Da Engel immateriell sind und keine Leitern brauchen, sind mit diesen geflügelten Wesen Seelen gemeint. – Eine prächtige Darstellung solcher Himmelsleitern findet sich am Westportal der Kathedrale zu Bath/England: rechts und links vom Mittelfenster führen sie von unten bis oben und zeigen viele geflügelte Wesen auf verschiedenen Stufen, eines stürzt gerade von der vorletzten Stufe wieder herab. (Abb. 9 und 10) – Die Jakobsleiter wird in alchimistischen Schriften als Symbol des «Großen Werkes» verwandt, wie Hans Biedermann in seiner «Materia Prima», Seite 150–151, zeigt: die doppelte Rosenranke ist Hinweis auf die bipolare Welt im Gleichgewicht.

KARMA – siehe unter «Erbsünde». Wie C. G. Jung über das Karma gegrübelt hat, verrät uns Aniela Jaffé: Erinnerungen, Träume, Gedanken von C. G. Jung, Seite 320–324.

KIRCHE: nach dem apostolischen Glaubensbekenntnis «die heilige katholische Kirche, Gemeinschaft der Heiligen». Mt 16,18 spricht von dem Felsen (griechisch petra), auf den diese Kirche oder Gemeinschaft der Heiligen gebaut wird. Die Offenbarung 2,17 erklärt, daß der Geist der Gemeinde (= Kirche) dem Sieger einen weißen STEIN mit einem neuen Namen geben wird. Dieser Stein wurde auch das Ziel der alchimistischen Wandlung. Siehe Hans Biedermann: Handlexikon, Stichwort «Stein der Weisen». – Doch die Offenbarung nennt noch weitere Erkennungszeichen für die wirkliche «Gemeinschaft der Heiligen»: Offb 2,7 das Essen vom Baum des Lebens; Offb 2,10 der Kranz des Lebens; Offb 2,28 der Morgenstern; Offb 3,5 das weiße Gewand; Offb 3,12 die Säule im Tempel mit dem neuen Namen des Christus; Offb 3,21 das Sitzen auf seinem Thron.

KÖRPER: Außer bei den sichtbaren materiellen Körperformen in Mineral, Pflanze, Tier und Mensch wird noch gesprochen von einem Empfindungskörper (= Ebene), entwickelt in der Pflanzenwelt, einem Gefühlskörper (siehe auch «Astralwelt») oder Astralkörper, entwickelt in der Tierwelt, und einem Denk- oder Mentalkörper, entwickelt im Menschen bis hin zum Bewußtsein. Für diese vier Evolutionsstufen gibt es auch in den östlichen Religionen entsprechende Bezeichnungen. – Über dieser körperlichen Vierheit steht der dreifältige Geist- oder Gottesbereich, so daß meist insgesamt vom siebenfachen Menschen gesprochen wird. – Doch gibt es auch weitere Unterteilungen, die sich auf ganz bestimmte Bereiche beziehen, wie sie vor allem im Buddhismus vielfältig existieren. Auch die Namen der einzelnen Ebenen sind sehr unterschiedlich.

LEHRE = Evangelium = frohe Botschaft: Solange eine Lehre nur auf angelernter Theorie basiert, nicht aber auf eigener Erfahrung der Erlösung oder Freiheit, ist sie nicht das, was im östlichen wie auch westlichen Sinne damit gemeint ist. Sie bleibt Exoterik (siehe dort) in der pythagoreischen Prägung dieses Wortes und wird im Vorhof von Rhetorikern und Theologen betrieben. Die wirkliche Lehre oder Verkündigung des Evangeliums ist Esoterik (siehe dort) und kann nur von Praktikern der Nachfolge Christi verbreitet werden. Im Buddhismus wird die Lehre allgemein durch das achtspeichige Rad dargestellt. (Siehe Achte Sphäre)

MANDALA: Östliche Bezeichnung für meist geometrische Figuren, die der Meditation und Kontemplation dienen. Die darin enthaltene Symbolik soll in bestimmte übersinnliche Bereiche führen, wie auch wir für dieses Buch eine solche Figur als Titelbild gewählt haben. Kreis und Quadrat oder Kreuz sind die Urformen jeglicher Verständigung ohne Worte, aus denen sich auch die Schrift entwickelt hat. (Buchholz)

MATERIE: in 4 Aggregatzuständen existierend, die den 4 klassischen Elementen entsprechen: Erde – fest, Wasser – flüssig, Luft – gasförmig, Feuer – plasmatisch. Sie sind auch als 4 Trigone im Tierkreis enthalten und haben ihre Entsprechung in den 4 Temperamenten und Geschmäckern: Erde – melancholisch – sauer, Wasser – phlegmatisch – salzig, Luft – sanguinisch – süß, Feuer – cholerisch – bitter. Materie muß als die sog. *Materia prima* wieder ins Gleichgewicht gebracht werden, bevor sie Ausgangspunkt des Großen Werkes sein kann. Näheres siehe Hans Biedermann: Handlexikon, Stichwort: Elemente, und sein Buch: Materia Prima. Weiteres siehe auch unter Stichwort «Vierheit».

MITTLER: Im Alten Testament wurde der Begriff «Mittler» für Engel benutzt (= Boten), z. B. Ijob 33,23, welcher Titel dann im Neuen Testament auf Christus übergeht. (Gal 3,19) 1 Tim 2,5 heißt es ganz klar: *Einer ist Gott, einer auch Mittler zwischen Gott und den Menschen: der Mensch Christus Jesus.* Seine Aufgaben werden im Hebr 8,1–13 ausführlich erklärt.

ORDNUNG, griechisch «Kosmos»: Immanentes Prinzip der ganzen Natur mit dem Ziel, «die beste aller möglichen Welten» (Leibniz) hervorzubringen, deren kleines Abbild der «Mikrokosmos» Mensch ist. Der Kosmos reguliert sich selbst, d.h., nach dem sog. Ausleseverfahren bleiben nur die besten Formen erhalten, die übrigen werden in ihre Bestandteile aufgelöst. Hierzu hat Leibniz in seiner Monadologie 1714 wesentliche Aussagen gemacht. Von den modernen Physikern nennen wir Carl Friedrich von Weizsäcker: Die Einheit der Natur, der darin ausführlich auf Platon eingeht. Wir zitieren daraus seinen letzten Satz: *Die Einheit allein ist kein Prinzip; indem sie ist, ist sie Vielheit, aber um den Preis des Widerspruchs.*

PERSÖNLICHKEIT: von «per-sonare» = durchtönen. Durch die Materie des menschlichen Körpers tönt das Instrument der Seele, und zwar um so stärker, je bewußter sich diese Seele entfaltet. Die Entwicklung des materiellen Körpers allein zu einem sog. Muskelprotz bildet noch keine Persönlichkeit aus.

QUADRATUR DES KREISES: Ergänzend zu den Anmerkungen 21 und 24 der Erläuterungen verweisen wir auf die Ausführungen von Hans Biedermann zum Stichwort: Quadratur des Zirkels (Handlexikon) mit weiteren Literaturangaben. In seiner «Materia Prima» bringt Hans Biedermann außer der «Quadratur des Kreises» von Michael Maier (Seite 114–115) noch eine «völlig unerotische» Darstellung dieser Quadratur als Wiedervereinigung des männlichen und weiblichen Prinzips (Seite 128–129) zur Androgynität (siehe dort).

REINKARNATION: Durch die Begrenzung der Lebensdauer des menschlichen Körpers auf 120 Jahre (Gen 6,3) erhält der Geistfunke – die Seele – immer wieder eine Ruhepause zur Besinnung auf noch unerledigte Aufgaben. Dann erfolgt der

Aufbau eines neuen Körpers, Reinkarnation oder Wiedereinkörperung entsprechend dem erreichten Entwicklungszustand. Dem Rhythmus des materiellen Körpers von Tag und Nacht entspricht bei der Geistseele als dem ewigen Prinzip der Rhythmus von Ein- und Auskörperung, was wir normalerweise als Leben und Tod bezeichnen. Wir verweisen auch auf die Stichwörter «Fegefeuer» und «Karma» bzw. «Erbsünde».

RELIGION = «Rückbindung» an Gott: Lehre vom Jenseits und Ziel des menschlichen Daseins, räumlich und zeitlich unterschiedlich verstanden und aufgebaut bis hin zu den sog. Weltreligionen des Christentums, Buddhismus und Islam. Immer mehr Anhänger einer dieser Religionen, die das universelle Geistziel des Menschen erkannt haben, versuchen es auch über die anderen Religionen zu erreichen – mit Erfolg. Wir verweisen auf die Buchtitel am Schluß unserer Erläuterungen und besonders auf Osborne aaO Seite 90–91, der von Ramakrishna (1834–1886), Sai Baba (1855–1918) und Ramana Maharshi (1879–1959) berichtet, daß alle drei auf der Gleichwertigkeit aller drei großen Religionen bestanden haben. Denn die höchste Wahrheit ist nur Eine, nur die Art und Weise, sie auszudrücken, wechselt.

SCHLAF: wird auch als der kleine Bruder des Todes bezeichnet. Er gehört zu den Rhythmen des Lebens und dient, wie wir heute wissen, nicht nur der Erholung des Körpers, sondern auch der Rekapitulation nichtbewältigter Komplexe in den sog. REM-Phasen (siehe «Traum»). Wenn wir sagen, wir wollen etwas überschlafen, um die richtige Antwort oder Lösung zu finden, so geht das auf die Redensart zurück: *Dem Gerechten (= Den Seinen) gibt's der Herr im Schlaf.* Diesem Ausspruch liegt Ps 127,2 zugrunde: *«Es ist umsonst, daß ihr früh aufsteht und dann lange sitzt und euer Brot in Sorgen eßt; denn seinen Freunden gibt er's im Schlaf.»*

SEELE: griechisch *psyche,* lateinisch *anima/animus,* Sanskrit *manas;* Lichtkörper, Lebensträger, Mittler zwischen Geist und Materie, ebenfalls unsterblich, Träger des Karmas bzw. der Erbsünde. Sitz des Archetypischen, Unbewußten bzw. Unterbewußten. Gefühlskörper, veränderlich, entwicklungsfähig bis zum Jesusprinzip. – Zu Geist/Seele in der indischen Philosophie verweisen wir auf Mircea Eliade: YOGA, Unsterblichkeit und Freiheit, Seite 23: Das «Selbst». Der moderne Philosoph Herbert Kessler nennt die Seele das Ander-Ich und hat ihm ein ganzes Buch gewidmet: Das schöne Wagnis. – Nach den Gnostikern ist die Seele ursprünglich mannweiblich, nach Eintritt in den Körper aber weiblich. Näheres darüber bringt Martin Krause in der koptischen Schrift: Die Exegese der Seele, Seite 127. Daher wird Christus ihr Bräutigam (Mt 9,15), wie auch in der Offb die Seele zur Braut wird. Hier haben auch die späteren Bilder der Unio mystica wie auch der Chymischen Hochzeit ihren Ursprung. – Wie sich bei den alten Mayas das Karma auf die Seelen der Toten auswirkt, hat Seler unter dem Stichwort «Seelen der Toten» in seinem 6bändigen Werk aaO zusammengestellt. (Registerband Seite 402–403)

SELBST – siehe unter Persönlichkeit, Individuum, Ich; je stärker die Selbsterkenntnis, desto größer die Bindung an den innereigenen Christus und damit die Erlösung vom Karma der vergangenen Taten. Von östlicher Seite empfehlen wir zu diesem Problem Ramana Maharshi: Die Suche nach dem Selbst.

SYMBOL – das offenbare Geheimnis, so von Herbert Kessler in seinem Buch genannt, mit dem Untertitel: als Wegweiser in das Unerforschliche und als angewandte Urkraft für die Lebensgestaltung. Symbole sind die Sprache der Esoterik (siehe dort), die von den meisten Menschen ohne Worte verstanden werden. Doch wir sollten nicht übersehen, daß ein wahres Symbol siebenfach verschlüsselt ist – wie die «geheime» Offenbarung oder das «offenbare» Geheimnis, das Buch mit den sieben Siegeln.

TIERKREIS: Ausführlich hat dieses Thema unter dem griechischen Begriff «Zodiakus» Hans Biedermann in seinem Handlexikon behandelt. Wir sind auf seine Bedeutung unter dem Stichwort «Astralwelt» = Sternenwelt bereits eingegangen. Bis einschließlich Tiermensch wird die Erde von seinen zwölf Kräften mit ihren Planeten beeinflußt und nach einem kosmischen Rhythmus gelenkt. Nur der Geistmensch als «Gott ebenbürtig» kann sich daraus befreien – die alten Gnostiker nannten es: vom Rad der Wiedergeburten abspringen: durch die Auferstehung des Christus in ihm, wie wir bereits mehrmals in anderem Zusammenhang sagten. Hans Biedermann weist auch darauf hin, daß wir im sog. fixen Kreuz des Tierkreises die vier Evangelistensymbole wiederfinden: Stier – Lukas, Löwe – Markus, Skorpion/Adler – Johannes, Wassermann/Engel – Matthäus. Auf die Umwandlung des Todeszeichens Skorpion (Tod, wo ist dein Stachel? 1 Kor 15,55) in das Auferstehungszeichen Adler sind wir bereits unter dem Stichwort «Achte Sphäre» eingegangen. Auch den Menschen mit dem Wasserkrug, wie der Wassermann dargestellt wird, finden wir im Neuen Testament wieder: Lk 22,10. Er zeigt den Weg, wo das letzte Abendmahl gefeiert wird. Wir befinden uns hier bereits im Bereich des Elementes Luft, dem Pneuma oder Heiligen Geist. Beim letzten Abendmahl wird dann das Mysterium des Blutes (Äther = Eros) gefeiert. (Stichwort «Taufe» am Schluß des Pryse-Buches)

TOD: Die Begrenzung des aktiven Lebens der Seele im Fleisch, solange sie noch ein dunkles Unterbewußtsein = Karma hat, um ohne materiellen Körper in Passivität zur Ruhe zu kommen und sich auf eine neue Inkarnation vorzubereiten. Wir zitierten in unseren Erläuterungen und Anm. 20 – Klein bereits Eliphas Levi über den Tod. – Leben und Tod haben ihre Parallele in Wachen und Schlafen des Körpers. (Siehe «Schlaf») Zur Überwindung des Todes ähnlich wie des Schlafes führt allein Vollkommenheit. Wir zitieren hierzu Osborne aaO Seite 56: *Der Tod der einen Form ist immer die Geburt einer anderen, ausgenommen beim Inani, dem voll Erleuchteten, dem Weisen, der das Selbst verwirklichte und damit über die Form hinaus in das ungestaltete Unendliche vorgedrungen ist, das Moksha, die Befreiung oder Nirvana genannt wird.* Übrigens wurde die Leiche Sai Babas als die eines «Verwirklichten» beerdigt und nicht, wie sonst in Indien üblich, verbrannt. Er sei bereits durch das Feuer gegangen, daher brauche er es nicht mehr nach seinem Tode zu tun. (Seite 95) – Edmund Spiess hat der «Geschichte des Todes» ein ganzes Kapitel seines Buches gewidmet. – Daß der Tod erst durch die Trennung von Adam und Eva entstand, sagen auch die gnostischen Schriften wie das Philippus-Evangelium: Spruch 71, 78 und 94. (Martin Krause: Koptische Quellen aus Nag Hammadi)

TRAUM: Zustand des bewußten oder unbewußten Eintauchens in unsere Seele als Sitz der Instinkte, Triebe, Erfahrungen, Komplexe bei den höher entwickelten Tieren bis hin zum Menschen. Seit Untersuchung der sog. REM *(rapid eye movement = schnelle Augenbewegung)*-Phasen im Traum bei Tier und Mensch ist die Wissenschaft zur Überzeugung gelangt, daß Träume für die betreffenden Lebewesen Trainingsphasen ihres instinktiven Verhaltens sind, also aus dem Unterbewußtsein kommen, in welchem auch das Karma verankert liegt. Es werden instinktmäßig Spannungsphasen durch REM-Träume abgebaut. Sie ergreifen uns aber nicht nur während des Schlafes, sondern auch im Wachzustand und sind also die natürliche Regulierung unserer psychischen Komplexe. (von Buttlar: Zeitsprung, ab Seite 122) – Doch von altersher waren Träume auch Grundlage für Intuitionen, die um so höher waren, je gereinigter die Seele von hinderndem oder verdunkelndem Karma war. Die höchste Intuition erhielt der Buddha bekanntlich nach Befreiung von allen Bindungen des Karmas und damit Auflösung des Leidens im östlichen Sinne (= Leid wegen der Gebundenheit der Seele). – Wie man Träume ganz allgemein steuern und bewußt machen kann, hat uns Patricia Garfield gelehrt in ihrem Buch: Kreativ träumen. Dieses Eintauchen in unsere «jenseitige» Welt des Unterbewußtseins ist der schnellste Weg zur Selbsterkenntnis und eine Möglichkeit zur Auflösung unseres Karmas, um vom Rad der Reinkarnationen befreit zu werden. Dann braucht der Mensch auch keinen Schlaf mehr, sondern Träume werden Intuitionen – wie bei allen «Geheilten», «Heiligen». Osborne aaO Seite 40 sagt von Sai Baba (1855–1918), er schlief nachts nicht, sondern befand sich im Lichtzustand des Sahaja Samadhi; denn sein Unterbewußtsein war Licht, wie Christus von sich sagt: *Ich bin das Licht der Welt. (Joh 8,12)* Der Biorhythmus von Wachen und Schlafen hatte für Sai Baba aufgehört, da das Unterbewußtsein oder die Dunkelheit nicht mehr existierte, was auch von Ramana Maharshi gesagt wird. (ebendort)

VIERHEIT: Die bekannteste Vierheit ist diejenige der Elemente, die wir unter dem Stichwort «Materie» bereits besprochen haben. Sie wird auch als das niedere Selbst bezeichnet – im Gegensatz zum höheren Selbst der Dreiheit. Statt «Selbst» wird auch «Ich» oder «Ego» gesagt, so daß es bei weltanschaulichen Auseinandersetzungen sehr wichtig ist, zunächst die Begriffe zu klären. – Eine weitere Vierheit sind die Evangelien des Neuen Testamentes, die von Augustinus im «Gottesstaat» mit den vier Paradiesflüssen verglichen werden. (13. Buch, Band II, Seite 312) (Gen 2,10–14 aufgeführt) Diese Vierheit wird nach dem Kirchenschriftsteller Irenäus (2. Jh.) mit den vier Winden und den vier Weltgegenden begründet. (Hennekke/Schneemelcher, Seite 12) Nach Molsdorf: Christliche Symbolik der mittelalterlichen Kunst (Seite 15) werden seit dem 2. Jh. die Evangelistensymbole auch mit dem Leben Christi in Zusammenhang gebracht: bei der Geburt ein Mensch, im Sterben ein Opferstier, im Auferstehen ein Löwe und bei der Himmelfahrt ein Adler. Seite 161/162 bringt er die Evangelisten mit den Kardinaltugenden, den vier großen Propheten und den vier großen Kirchenlehrern in Verbindung und weist entsprechende Darstellungen nach:

Matthäus	Markus	Lukas	Johannes
Jesaia	Daniel	Jeremias	Ezechiel
Ambrosius	Hieronymus	Augustinus	Gregorius
Klugheit	Mäßigkeit	Tapferkeit	Gerechtigkeit

WEG (Pfad) = Nachfolge Christi, der von sich gesagt hat: *Ich bin der Weg und die Wahrheit und das Leben. (Joh 14,6)* Dieser Weg ist schmal (Mt 7,14) und wird nur von wenigen gefunden. *Das Reisen auf diesem Pfad geschieht ohne Bewegung, sein Ort wird zu deinem Selbst. – «Du bist der Pfad», sagt der Adept-Guru zum Schüler nach dessen Einweihung.* Siehe H. P. Blavatsky: Die Stimme der Stille, Seite 99, Anm. 42.

WISSEN: objektiv alles wissenschaftlich Nachvollziehbare, subjektiv die innere Erfahrung, die für andere Glaubenssache bleibt. Siehe auch «Glaube».

ZEIT: Nach Einsteins Relativitätstheorie gebunden an den Raum und die 4. Dimension unseres Lebens: das Raum-Zeit-

Kontinuum (nach Minkowski). Über die Umkehrbarkeit der Zeit berichtet Joh. von Buttlar: Zeitsprung, ab Seite 204. Sie führt uns in den schwer verständlichen Bereich der Antimaterie bis zu den Antigalaxien. – Mit der Zeit befaßt sich auch P. H. Saher im Kommentar zu Arthur Osborne: Das sonderbare Leben eines indischen Fakirs, Seite 102 ff. – Eine Sonderstellung nimmt die Traumzeit ein: sie hat überhaupt keinen Ort im Kontinuum der Zeit. Siehe Hans Peter Duerr: Traumzeit, Seite 145. Deshalb ist es möglich, am gleichen Tag die Geburt des Buddha unter einem Baum in Lumbini, seine Erleuchtung unter einem Baum in Gaya und seinen Eingang ins Nirvana unter einem Baum in Kusinagara zu feiern. (Duerr aaO, Seite 335, Anm. 38) – Wir verweisen auch auf Augustinus' Auseinandersetzung mit der Zeit in seinen «Bekenntnissen», 11. Buch, Seite 312: Was ist Zeit? *Vergangenheit und Zukunft sind nicht, Gegenwart ohne Ausdehnung und Dauer.*

ZEUGUNG: Der durch die normale sexuelle Vereinigung hervorgerufene psychische Wirbel saugt aus der psychischen Ebene eine für die Reinkarnation reife Seele an, so daß im Augenblick der Zeugung bereits das Leben des Embryos beginnt. Die katholische Kirche hat daher Recht, wenn sie bei jeglicher Abtreibung von Mord an einem Lebewesen spricht – mit allen karmischen Folgen für den Abtreibenden. Siehe auch Dion Fortune: Selbstverteidigung mit PSI, Seite 96. – Im Neuen Testament geht es um die «Zeugung von oben», die nur bei Zölibat (siehe dort) erfolgen kann. Wir verweisen auch auf Anmerkung 112 von Pryse.

ZÖLIBAT: Pryse Anmerkung 112; es geht auf Mt 19, 10–12 zurück, wo Jesus von den Menschen spricht, die sich selbst zur Ehe unfähig gemacht haben – um des Himmelreiches willen. Ähnlich drückt sich Paulus über die Vorzüge des Zölibats aus: 1 Kor 7,7: *Ich wünschte, alle Menschen wären unverheiratet wie ich.* Oder 1 Kor 7,32–35: *Unverheiratet sorgen sich Mann und Frau um die Sache des Herrn.* – Dazu paßt das gnostische Philippus-Evangelium nach Epiphanius (315–403). Beim Aufstieg in den Himmel sagt die Seele jeder der oberen Kräfte: *Ich habe mich erkannt (= Selbsterkenntnis!) und mich von allen Seiten her gesammelt und habe dem Archon keine Kinder gezeugt, sondern seine Wurzeln ausgerottet und die zerstreuten Glieder gesammelt und kenne dich, wer du bist; denn ich gehöre zu denen von oben her.* Zitiert aus Hennecke/Schneemelcher: Neutestamentliche Apokryphen, I. Teil, Evangelien, Seite 195.

BESCHREIBUNG DER ABBILDUNGEN

Vorbemerkung: Unsere Darstellung der Reinkarnation im Neuen Testament wäre nicht vollständig, wenn wir nicht näher auf die Alchimie eingehen würden, die auch Pryse immer wieder berührt hat: sie ist seit vorchristlicher Zeit als Lösung des Reinkarnationsproblems durch WANDLUNG des Menschen zum Androgyn hauptsächlich in Symbolen gelehrt worden. Wir verweisen auf Martin Plessner: Vorsokratische Philosophie und griechische Alchimie – Studien zu Text und Inhalt der Turba Philosophorum. *– Schließlich ist die Alchimie Grundlage der katholischen Messe: Opferung des materiellen Menschen, Wandlung der Materie in Fleisch und Blut Christi und Kommunion als Symbol der Hochzeit der Seele mit ihrem himmlischen Bräutigam. Diese Beziehung hat C. G. Jung in Band XI seiner gesammelten Werke herausgearbeitet: Psychologie westlicher und östlicher Religion, darin III: Das Wandlungssymbol in der Messe, Seite 219–323. – Eine Darstellung der Alchimie des Paracelsus im Vergleich zur Alchimie der Upanishaden – auch im Osten also Alchimie vorhanden – bringt in neuerer Zeit Henk Leene: Die Alchimie der Metalle – die Transplantation bei Parcacelsus.*

Aus der Fülle der Symbole für das «Große Werk», wie die Alchimie auch genannt wird, haben wir die Quadratur des Kreises ausgewählt als Gleichnis für die Wiedervereinigung des männlichen und weiblichen Prinzips zum Androgyn vom Anfang. Die Erklärung der bereits besprochenen Begriffe bitten wir, mit Hilfe der Register aufzusuchen, um Wiederholungen zu vermeiden. Literaturangaben zu genannten Autoren sind der Bibliographie zu entnehmen.

Abb. 1 (Titelbild): Leonardo da Vinci: Proportionsstudien aus dem Proportionskanon des Vitruvius. Venedig, Akademie. Größe: 0,343×0,245. Gute Wiedergabe bei Mereschkowskij (1866–1941): Leonardo da Vinci, zu Seite 465. Der vierarmige und vierbeinige Mensch erinnert nach Buchholz an den Androgyn im Symposion des Platon. Daß die Universalität Platons mit der des Leonardo sehr verwandt ist, hat Raffael (1483–1520) in seiner «Schule von Athen» im Vatikan dadurch zum Ausdruck gebracht, daß er für die Gestalt seines Platon das Aussehen des Leonardo genommen hat. Redig de Campos bringt eine Abbildung Nr. 66 und 67 (Ausschnitt mit Platon) und drückt sich dazu wie folgt aus (Seite 367): Raffael wollte die Vergangenheit mit der Gegenwart verknüpfen – eine Umschreibung für die mögliche Reinkarnation des Platon in Leonardo? Daß dieser sich bis zu seinem Tode mit der Problematik der Androgynität auseinandergesetzt hat – er war selbst nicht verheiratet –, beweisen seine letzten Gemälde: zunächst Dionysos mit Thyrsosstab der Einweihung und schließlich Johannes der Täufer mit Kreuzesstab, aus einer finsteren Höhle aufsteigend (Mereschkowskij Seite 568–569), worin ein Hinweis auf Platons Höhlengleichnis (Politeia 7. Buch) zu entnehmen ist. Bei Dionysos läßt Mereschkowskij ihn über das Geheimnis des Blutes Christi nachsinnen. Eine seiner letzten Tagebucheintragungen lautet: *Wenn der Geliebte sich mit der Geliebten vereinigt, tritt Ruhe ein.* (Mereschkowskij Seite 582)

Abb. 2: Stoltzius von Stoltzenberg: Chymisches Lustgärtlein, Figur 51: Mann und Frau stehen bereits auf Sonne und Vollmond und halten gemeinsam die Erdkugel, welche die Grundelemente des Großen Werks enthält: Kreis, Quadrat und Dreieck. Der rote Drache kommt auch Offb 12,3 mit zehn Hörnern vor. Siehe auch Abb. 6.

Abb. 3: Stoltzius aaO, Figur 98: Die Vereinigung des männlichen und weiblichen Prinzips als Androgyn nach Zirkel und Winkelmaß ist durchgeführt; der Mensch ist REBIS = zweifach geworden. (Siehe Hans Biedermann: Handlexikon, Seite 50, Stichwort: Androgyn) Entstanden ist aus den sieben Metallen die *Materia prima* als Ausgangsbasis für die Wandlung, auch erste Auferstehung genannt.

Abb. 4: Stoltzius aaO, Figur 99: Die erste Wirkung der Wandlung bezieht sich auf das Element Erde. Im äußeren Quadrat ist das kreisförmige Grab verschlossen worden, worin sich auch Seele und Geist befinden. Die sieben Metalle erscheinen außerhalb des Kreises als Lichter. Mit der Symbolik des «verachteten schwarzen Raben» setzt sich Henk Leene in seiner Alchimie der Metalle auseinander (Seite 174–180 und Bild 10). Diese Phase wird auch Schwärzung genannt.

Abb 5: Stoltzius aaO, Figur 100: Die zweite Wirkung richtet

sich auf die Reinigung des vegetativen Systems; Kreis und Quadrat enthalten nur noch «Heilpflanzen».

Abb 6: Stoltzius aaO, Figur 101: Die dritte Wirkung bedeutet den Tod des Ichwesens durch zehn Männer, die symbolischen zehn Hörner des roten Drachen von Bild 98 = Offb 12,3. Auch diese gehen mit dem Ichwesen zugrunde. Der Regenbogen (Offb 4,3 und 10,1) wird durch den Doppelkreis angedeutet. Die «Reinwaschung» der Feinde erinnert an Jesus am Kreuz: *Vater, vergib ihnen; denn sie wissen nicht, was sie tun! (Lk 23,24)*

Abb 7: Stoltzius aaO, Figur 102: In der vierten Wirkung fressen die schwarzen Raben die toten Körper im Regenbogenkreis: Der Mensch verkauft alles, was er hat (Mt 19,21), um Seele (hier Quadrat mit Heilpflanzen) und Geist (Regenbogenkreis) beständig zu machen. Die Alchimie spricht von der Fixierung.

Abb. 8: Stoltzius aaO, Figur 103: Die fünfte Wirkung zeigt den Auferstandenen als «Königin» oder «Braut», was allen Brüdern sofort mitgeteilt wird, um deren traurige Herzen wieder fröhlich zu machen. Die Parallele zur Auferstehung Jesu ist deutlich. Jedem wird die weiße Krone gereicht, bis Apollo (= Sonne) ebenfalls aufersteht: die rote Krone. Weiß und Rot sind bekanntlich nach dem Hohenlied Salomonis 5,10–11 ebenfalls Zeichen für Androgynität: *Mein Freund, der ist weiß und rot ...*

Abb. 9: Westportal der Kathedrale von Bath/England (eigene Aufnahme): In den rechts und links des Mittelfensters angebrachten Säulen sieht man jeweils eine zweigeteilte Leiter (Diesseits und Jenseits?), auf deren Sprossen geflügelte Wesen aufsteigen; auf der obersten Sprosse erwartet sie Gottvater. Hier werden wir an die Jakobsleiter erinnert, doch handelt es sich hier nicht um Engel – sie benötigen zum Auf- und Absteigen keine Leiter –, sondern um Seelen; die Flügel sollen wohl andeuten, daß sie gerade nicht inkarniert sind.

Abb. 10: Ausschnitt aus der rechten Leiter: Ein «Engel» stürzt ab, Hinweis auf die Möglichkeit des Fallens, solange man nicht am Ziel angekommen ist. Zwar wird in der Offenbarung auch vom Engelsturz berichtet (Offb 12,7–9), doch hier handelt es sich einwandfrei um den Sturz einer einzelnen Seele. Mit anderen Worten: Diese Leitern sind Symbol für den Aufstieg der Seelen von Reinkarnation zu Reinkarnation.

Abb. 11: Stoltzius aaO, Figur 104: Die sechste Wirkung wird auch als Multiplikation bezeichnet. Mit dem zehnten Geschlecht spielt Stoltzius auf die Vermehrung des anvertrauten Geldes an (Lk 19,11–27): Wer aus einer Mine zehn erwirtschaftet hat, wird Herr über zehn Städte. Alle Metalle oder Planeten im Regenbogenkreis erhalten die rote Krone: die Seele ist schon umstrahlt von der Sonne.

Abb. 12: Stoltzius aaO, Figur 105: Die Vollendung des philosophischen Werkes ist der Stein oder Morgenstern mit den sieben Strahlen der vereinigten Planeten. Der Mensch sieht in einer Vision alle Stufen seiner Regeneration von 1–7, d.h. seine früheren Inkarnationen. Um den Regenbogenkreis mit dem Siebengestirn befindet sich das Dreieck der Trinität, auf der Spitze stehend, in das sich der vom Quadrat geprägte Strahl des Saturn senkt, darin der Körper als Würfel wiedergegeben. In der linken oberen Ecke des Dreiecks ist die Seele als strahlendes Licht und gegenüber rechts der Geist als Androgyn durch Konjunktion von Sonne und Mond dargestellt. Das umgebende Quadrat enthält dann nochmals die Symbole der Wandlung. – Doch der Schlüssel ist die Umschrift im Regenbogen: sieben Wörter zwischen den sieben Strahlen, deren Übersetzung nach Hans Biedermann: Materia Prima, Seite 174, wie folgt lautet: *Suche die Eingeweide der Erde auf; durch Rektifikation wirst du den verborgenen Stein finden.* Dieser Schlüssel aber schließt zweimal: die Anfangsbuchstaben dieser Wörter heißen: VITRIOL, über das auch Henk Leene mit Wiedergabe dieser Figur 105 schreibt. – Eine noch klarere Formulierung enthält die lateinische Form VITRIOLUM bei Basilius Valentinus, die John Dee (1527–1608) in seiner MONAS HIEROGLYPHICA (Übersetzung erscheint demnächst im ANSATA-Verlag) zum tiefsten Geheimnis macht: *Wenn ihr das Innere der Erde aufsucht und die Wege recht macht, findet ihr den geheimen Stein als die wahre Medizin* – welchem Ausspruch

John Dee hinzufügt: IM GOLD. (Anm. 131 zur Monas Hieroglyphica)

Anmerkung zu den 9 Figuren aus dem Chymischen Lustgärtlein: Wie die Numerierung ausweist, handelt es sich dabei nur um eine ganz bestimmte Auswahl. Diese sieben Stufen haben bei anderen Alchimisten oft andere Namen. Auch liegt die Reihenfolge der Entwicklung des Goldes oder Morgensterns (= Aurora) nicht fest; ferner wird unter den alchimistischen Begriffen nicht immer dasselbe verstanden. Die Vielseitigkeit hat Wolfgang Schneider in einem «Lexikon alchemistisch-pharmazeutischer Symbole» zusammengestellt, aus welchem deren Überschneidungen ersichtlich werden.

Abb. 13: Westfassade des Domes in Orvieto/Italien, 14. Jh., erbaut von Andrea da Cione, genannt Orcagna, wiedergegeben als Abbildung 48 von Painton Cowen: Die Rosenfenster der gotischen Kathedralen: Im Kreis um den Christuskopf 22 Säulen, in den Ecken des umschließenden Quadrats die vier großen Kirchenlehrer Gregorius, Hieronymus, Augustinus und Ambrosius, und das Ganze eingefaßt durch einen quadratischen Rahmen aus 52 verschiedenen Köpfen. Aus der Spitze des Dreiecks vom darunter-liegenden Portal erhebt sich vor dieser «Quadratur des Kreises» das *«Lamm, dessen Hochzeit gekommen ist» (Offb 19,7).* – Die hier in der Quadratur des Kreises zusammengefügten 78 Einheiten können nicht zufällig um den Mittelpunkt Christus geordnet sein: Sie sind die 22 großen Arkana des ägyptischen Tarot (auch die 22 Kapitel der Offenbarung), die 4 Grundzeichen aus Kreis und Quadrat (Stab, Kreuz, Halbkreis, Kreis) und die 52 kleinen Arkana, mit jeweils 13 Zeichen auf die vier Seiten des quadratischen Rahmens verteilt. – So wie Eliphas Levi diese vier Gundzeichen aus der Quadratur des Kreises in Brief 115 seiner «Einweihungsbriefe» erklärt, hat sie vor ihm 1564 John Dee als Monashieroglyphe des alchimistischen Merkurius wie folgt zusammengestellt:

BIBLIOGRAPHIE

ANDERS, Ingetraut: Begriffe der Buddha-Reden mit Erklärung – nach den Arbeiten von Paul Debes, Wissen und Wandel XXV,1–8, 1979, 8581 Bindlach-Benk, Katzeneichen 6

ANDREAE, Joh. Valentin: Fama Fraternitatis (1614) – Confessio Fraternitatis (1615) – Chymische Hochzeit: Christiani Rosencreutz. Anno 1459 (1616), Calwer Verlag Stuttgart, 1973

ANI, Papyrus – BM 10.470, vollständige Faksimile-Ausgabe im Originalformat des Totenbuches aus dem Besitz des British Museum, mit Kommentar von Edmund Dondelinger, Akadem. Druck- u. Verlagsanstalt, Graz-Austria, 1978

ARNOLD, Paul: Das Totenbuch der Maya – der Kreislauf von Leben und Tod aus der Sicht der Maya, das Weisheitsbuch eines rätselhaften Volkes zum ersten Mal entschlüsselt, O. W. Barth-Buch im Scherz Verlag München, 1980

ATTENBOROUGH, David: Das Leben auf unserer Erde – vom Einzeller zum Menschen – Wunder der Evolution, Verlag Paul Parey, Hamburg und Berlin,1979

AUGUSTINUS, Aurelius: Bekenntnisse, eingeleitet und übertragen von Wilhelm Thimme, Buchclub Ex Libris Zürich, 1970

AUGUSTINUS, Aurelius: Der Gottesstaat – in deutscher Sprache von Carl Johann Perl, 3 Bände, Otto Müller Verlag Salzburg, 1952

BALTZER, Eduard: Pythagoras, der Weise von Samos, Dr. Martin Sändig oHG, Walluf bei Wiesbaden, 1973 (Nachdruck der Ausgabe von 1868)

BENZ, Ernst: Kosmische Bruderschaft – die Pluralität der Welten – zur Ideengeschichte des UFO- Glaubens, Aurum-Verlag, Freiburg i. Br., 1978

BERSTL, Julius: Paulus von Tarsus – ein Mann in zwei Welten, Quell-Verlag Stuttgart, 1965

BIBELÜBERSETZUNG, siehe EINHEITSÜBERSETZUNG

BIEDERMANN, Hans: Handlexikon der magischen Künste – von der Spätantike bis zum 19. Jahrhundert, Akadem.

Druck- u. Verlagsanstalt, Graz-Austria, 1973 (2. Auflage)
BIEDERMANN, Hans: Materia Prima – eine Bildersammlung zur Ideengeschichte der Alchemie, Verlag für Sammler, Graz, 1973
BIEDERMANN, Hans: St. Brandanus – der irische Odysseus, Akademische Druck- u. Verlagsanstalt, Graz-Austria, 1980
BLAVATSKY, Helena Petrowna: Die Stimme der Stille, Adyar-Verlag Graz, 1959
BÖHME, Jakob: AURORA oder Morgenröte im Aufgang, herausgegeben und kommentiert von Gerhard Wehr, Aurum Verlag, Freiburg i. Br., 1977
BRUNNER, Hellmut: Die Geburt des Gottkönigs – Studien zur Überlieferung eines altägyptischen Mythos, Otto Harrassowitz, Wiesbaden, 1964
BUCHHOLZ, Erich: Schriftgeschichte als Kulturgeschichte, Verlag des Instituts für Geosoziologie und Politik, Bellnhausen über Gladenbach/Hessen, 1965
CAPRA, Fritjof: Der kosmische Reigen – Physik und östliche Mystik – ein zeitgemäßes Weltbild, O. W. Barth-Buch im Scherz Verlag München, 1977
CHAMPDOR, Albert: Das ägyptische Totenbuch in Bild und Deutung, bearbeitet und herausgegeben von Manfred Lurker, O. W. Barth Verlag im Scherz Verlag München, 1977
COLEGRAVE, Sukie: Yin und Yang – die Kräfte des Weiblichen und des Männlichen – Spannung und Ausgleich zwischen den beiden Polen des Seins, O. W. Barth Verlag im Scherz Verlag München, 1980
COWEN, Painton: Die Rosenfenster der gotischen Kathedralen, mit 141 Abbildungen, davon 59 in Farbe, Herder Freiburg – Basel – Wien, 1979
CURRIE, Ian: Niemand stirbt für alle Zeit – Berichte aus dem Reich jenseits des Todes, C. Bertelsmann Verlag München, 1979
DALLMAYR, Horst: Die grossen vier Konzilien: Nicaea – Konstantinopel – Ephesus – Chalcedon, Kösel-Verlag München, 1963
DE CAMPOS, Redig: Die Kunstschätze des Vatikans – Architektur – Malerei – Plastik, mit 410 Farbbildern, Herder-Verlag Freiburg i. Br., 1974
DEE, John: Die Monas-Hieroglyphe, Übersetzung, Kommen-

tar und Register von Agnes Klein. ANSATA-Verlag Interlaken (erscheint demnächst)

DETHLEFSEN, Thorwald: Das Leben nach dem Leben – Gespräche mit Wiedergeborenen, Heyne-Buch Nr. 7021 (Erstauflage 1974)

DETHLEFSEN, Thorwald: Das Erlebnis der Wiedergeburt – Heilung durch Reinkarnation, Goldmann Sachbuch Nr. 11 199 (Erstauflage September 1978)

DETHLEFSEN, Thorwald: Schicksal als Chance – esoterische Psychologie – das Urwissen zur Vollkommenheit des Menschen, C. Bertelsmann Verlag München, 1979

DUERR, Hans Peter: Traumzeit – über die Grenze zwischen Wildnis und Zivilisation, Syndikat, Frankfurt am Main, 1978

EINHEITSÜBERSETZUNG der Heiligen Schrift – Das Neue Testament, katholische Bibelanstalt Stuttgart, deutsche Bibelstiftung Stuttgart, Österreichisches Katholisches Bibelwerk Klosterneuburg, 3. Auflage der Endfassung 1980

EISLER, Robert: Orphisch-dionysische Mysteriengedanken in der christlichen Antike, Nachdruck von 1925 durch Georg Olms, Hildesheim 1966

ELIADE, Mircea: YOGA – Unsterblichkeit und Freiheit, Insel Verlag Frankfurt, 1977

ELIADE, Mircea: Geschichte der religiösen Ideen, II: Von Gautama Buddha bis zu den Anfängen des Christentums, Herder, Freiburg i. Br., 1979

EVANS-WENTZ: Milarepa – Tibets grosser Yogi, O. W. Barth Verlag, Weilheim Obb., 1971

EVANS-WENTZ: Das Tibetanische Totenbuch oder die Nach-Tod-Erfahrungen auf der Bardo-Stufe, Rascher-Verlag Zürich und Stuttgart, 1970 (6. Auflage)

FORTUNE, Dion: Selbstverteidigung mit PSI – Methoden der Verteidigung gegen PSI-Angriffe, ANSATA-Verlag Schwarzenburg, 1979

GARFIELD, Patricia: Kreativ träumen, ANSATA-Verlag Schwarzenburg, 1980

GNOSIS, siehe KRAUSE, Martin

GSÄNGER, Hans: Mysterienstätten der Menschheit – IRLAND, Insel des Abel, das christliche Irland und seine Klosterschulen, Verlag Die Kommenden, Freiburg i. Br. 1970

GUENTHER, Herbert V.: Tantra als Lebensanschauung, O. W. Barth Verlag im Scherz Verlag München, 1974
HENNECKE-SCHNEEMELCHER: Neutestamentliche Apokryphen, I. Band: Evangelien, J. C. B. Mohr (Paul Siebeck) Tübingen, 1959
HERAKLIT (Herakleitos), in: Die Anfänge der abendländischen Philosophie, Fragmente und Lehrberichte der Vorsokratiker, Buchclub Ex Libris Zürich, 1970, Seite 61
HERMANNS, Matthias: Das National-Epos der Tibeter Gling König Ge sar, Verlag Josef Habbel, Regensburg, 1965
HERRE, Chr. Louis: Die Seele der gotischen Kathedralbaukunst, Magnum Opus Verlag, Freiburg i. Br., 1918
ILLIES, Joachim: Der Mensch in der Schöpfung – ein Naturwissenschaftler liest die Bibel, Edition Interfrom AG, Zürich, 1977
IONS, Veronica: Indische Mythologie, Emil Vollmer Verlag, Wiesbaden, o. J.
JANTSCH, Erich: Die Selbstorganisation des Universums – vom Urknall zum menschlichen Geist, Hanser Verlag München, 1979
JUNG, C. G.: AION – Untersuchungen zur Symbolgeschichte, Band IX, Teil 2, Walter-Verlag Olten, 1975
JUNG, C. G: Zur Psychologie westlicher und östlicher Religion, elfter Band, Walter Verlag, Olten und Freiburg i. Br., 1971
JUNG, C. G.: Mysterium Coniunctionis – Untersuchungen über die Trennung und Zusammensetzung der seelischen Gegensätze in der Alchemie, 14. Band I und II, Walter Verlag Olten, 1971
JUNG, C. G.: Mysterium Coniunctionis, dritter Teil: Aurora Consurgens – ein dem Thomas von Aquin zugeschriebenes Dokument der alchemistischen Gegensatzproblematik, Rascher Verlag Zürich und Stuttgart, 1957
JUNG, C. G.: Erinnerungen, Träume, Gedanken, aufgezeichnet und herausgegeben von Aniela Jaffé, Walter-Verlag, Olten und Freiburg i. Br., 1971
KESSLER, Herbert: Das schöne Wagnis – Denkschrift für Selbstdenker, Wilhelm Braumüller, Wien-Stuttgart, 1975
KESSLER, Herbert: Das offenbare Geheimnis – das Symbol als Wegweiser in das Unerforschliche und als angewandte

Urkraft für die Lebensgestaltung, Aurum Verlag Freiburg i. Br., 1977

KLEIN, Agnes und Reinhold: Sokrates und Johannes – von der Rückerinnerung über die Hebammenkunst des Sokrates zur Wiedergeburt aus Wasser und Geist bei Joh 3,5, Verlag Sokrates, Postfach 320 102, 6800 Mannheim 31, 1977 – Sokratische Hefte 15

KLEIN, Agnes und Reinhold: Urformen von Symbolik und Mythologie – auf der Spur von Platons Regelkörpern, Verlag Sokrates wie vor, 1978, Sokratische Hefte 11

KLEIN, Agnes und Reinhold: Buddha und Sokrates – Parallelen der Selbstverwirklichung, Verlag Sokrates wie vor, 1979, Sokratische Hefte 14

KLEIN, Johannes Werner: Ihr seid Götter – die Philosophie des Johannes-Evangeliums, Verlag Günther Neske, Pfullingen, 1967

KOLPAKTCHY, Gregoire: Ägyptisches Totenbuch, O. W. Barth-Verlag München-Planegg, 1974

KRAUSE, Martin: DIE GNOSIS – 2. Band, Koptische und mandäische Quellen, Artemis Verlag Zürich u. Stuttgart, 1971

KRISHNA, Gopi, siehe von Weizsäcker

LASSALLE, H. M. Enomiya: Zen-Meditation für Christen, O. W. Barth Verlag Weilheim/Obb., 1971

LAUPPERT, Norbert: Die Mahatma-Briefe an A. P. Sinnett und A. O. Hume, zweiter Band: die Entwicklung von Mensch und Kosmos, das Leben nach dem Tode, der Gottesbegriff, Adyar Verlag, Graz, 1980

LEENE, Henk: Die Alchemie der Metalle – die Transplantation bei Paracelsus, Rosenkreuz-Verlag Kassel Leene + Borkowski, 1975

LEIBNIZ, G. W.: Grundwahrheiten der Philosophie – Monadologie, französisch-deutsche Parallelausgabe von Joachim Christian Horn, Europäische Verlagsanstalt Frankfurt am Main, 1962

LEONARDO DA VINCI, siehe Mereschkowskij

LEVI, Eliphas: Einweihungsbriefe in die Hohe Magie und Zahlenmystik, ANSATA-Verlag Schwarzenburg, 1980

LOMMEL, Andreas: Kunst des Buddhismus – aus der Sammlung des Staatlichen Museums für Völkerkunde in München, Atlantis Zürich und Freiburg i. Br., 1974

LURKER, Manfred: Wörterbuch biblischer Bilder und Symbole, Kösel-Verlag München 1973
MACLEOD, Fiona: Das Reich der Träume, verlegt bei Eugen Diederichs, Jena 1922
MACLEOD, Fiona: IONA, Mellinger Stuttgart, 1978
MAIER, Michael: Atalanta Fugiens, Faksimile-Druck der Oppenheimer Originalausgabe von 1618 im Bärenreiter-Verlag Kassel und Basel, 1964
MENSCHING, Gustav: Buddha und Christus – ein Vergleich, Deutsche Verlags-Anstalt Stuttgart, 1978
MERESCHKOWSKIJ, Dmitrij Sergejewitsch: Leonardo da Vinci – historischer Roman, mit 55 Wiedergaben von Bildwerken Leonardos auf Kunstdrucktafeln, Deutsche Buch-Gemeinschaft Berlin und Darmstadt, 1956
MOLSDORF, Wilhelm: Christliche Symbolik der mittelalterlichen Kunst, Akademische Druck- und Verlagsanstalt, Graz-Austria, 1968 (Nachdruck von 1926)
NEUMANN, Karl Eugen: Die Reden Gotamo Buddhos – aus der längeren Sammlung Dighanikayo des Pâli-Kanons, Artemis Verlag Zürich – Paul Zsolnay Verlag Wien, 1957
NIETZSCHE, siehe WEHR, Gerhard
ORIGENES: Vier Bücher von den Prinzipien, herausgegeben, übersetzt, mit kritischen und erläuternden Anmerkungen versehen von Herwig Görgemanns und Heinrich Karpp, Wissenschaftliche Buchgesellschaft Darmstadt, 1976
OSBORNE, Arthur: Das sonderbare Leben eines indischen Fakirs, deutsche Ausgabe mit Einleitung und Kommentar von P. J. Saher, A. Henn Verlag. Wuppertal, 1970
OSTRANDER/SCHROEDER: PSI – die wissenschaftliche Erforschung und praktische Nutzung übersinnlicher Kräfte des Geistes und der Seele im Ostblock, Scherz-Verlag München, 1971
PHILIPPUS-Evangelium, siehe KRAUSE, Martin
PHILLIPS, Stephen M.: Extra-Sensory Perception of Quarks (Außersinnliche Wahrnehmung von Quarks), Quest Pocket Book of the Theosophical Publishing House, P. O. Box 270, Wheaton, Illinois 60 187, erscheint Ende 1980
PLATON: Werke in acht Bänden, griechisch und deutsch, Wissenschaftliche Buchgesellschaft Darmstadt
PLESSNER, Martin: Vorsokratische Philosophie und griechi-

sche Alchemie – Studien zu Text und Inhalt der Turba Philosophorum, Franz Steiner Verlag Wiesbaden, 1975
POPP, F. A.: Biophotonen – ein neuer Weg zur Lösung des Krebsproblems, Verlag für Medizin Dr. Ewald Fischer, Heidelberg, 1976
POPP, Fritz A. und STRAUSS, Volkward E.: So könnte Krebs entstehen – biophysikalische Zellforschung – Hoffnung für Millionen?, Deutsche Verlags-Anstalt Stuttgart, 1977
PRYSE, James M.: The Apocalypse Unsealed, being an esoteric interpretation of the Initiation of Iôannês, commonly called the Revelation of St. John, New York, John M. Pryse, 9–15 Murray St., 1910 (enthalten im folgenden Nachdruck)
PRYSE, James Morgan: The Restored New Testament (das erneuerte Neue Testament), New York 1914, nachgedruckt 1971 durch Health Research, P. O. Box 70, Mokelumne Hill, California 95 245
PRYSE, James M.: THE MAGICAL MESSAGE according to Iohannes (1909), 230 Seiten, Nachdruck wie vor durch Health Research, 1967
PRYSE, James Morgan: A new Presentation of the Prometheus Bound of Aischylos, wherein is set forth the hidden meaning of the myth (eine neue Darstellung des Gefesselten Prometheus von Aischylos, worin die verborgene Bedeutung des Mythos dargelegt ist), John M. Pryse, Los Angeles, 1925, nachgedruckt 1967 durch Health Research wie vor
RAMANA MAHARSHI: Die Suche nach dem Selbst, ausgewählte Gespräche, herausgegeben und eingeleitet von Lucy Cornelssen, ANSATA-Verlag Schwarzenburg, 1979
RAMPA, Lobsang: Das dritte Auge – ein tibetanischer Lama erzählt sein Leben, Wilhelm Goldmann Verlag Nr. 3744, 1979
RANSOM, Josephine: Short History of the Theosophical Society (Kurze Geschichte der Theosophischen Gesellschaft), Adyar Graz, Postfach 655
REES, Alwyn und Brinley: Celtic Heritage – ancient Tradition in Ireland and Wales, (Keltisches Erbe – alte Tradition in Irland und Wales), Thames and Hudson, London, 1961, Nachdruck 1975 (noch keine deutsche Übersetzung)
RIBBACH, S. H.: Drogpa Namgyal – ein Tibeterleben, O. W. Barth Verlag, München-Planegg, 1940

RIESSLER, Paul: Altjüdisches Schrifttum ausserhalb der Bibel, F. H. Kerle, Freiburg – Heidelberg, 4. Auflage 1979

ROSENBERG, Alfons: Die Seelenreise – Wiedergeburt, Seelenwanderung oder Aufstieg durch die Sphären, Turm Verlag Bietigheim, 1971

ROSENBERG, Alfons: Leben nach dem Sterben, Kösel-Verlag München, 1974

ROSENBERG, Alfons: Engel und Dämonen – Gestaltwandel eines Urbildes, Prestel-Verlag München, 1967

ROWLEY, H.H.: Apokalyptik – ihre Form und Bedeutung zur biblischen Zeit – eine Studie über jüdische und christliche Apokalypsen vom Buch Daniel bis zur Geheimen Offenbarung, Benziger Verlag Köln, 1965

SACHS/BADSTÜBNER/NEUMANN: Christliche Ikonographie in Stichworten, Kösel-Verlag München, 1975

SAHER, P. J.: Indische Weisheit und das Abendland – religionsphilosophische Parallelen, Anton Hain, Meisenheim am Glan, 1965

SAHER, P. J.: Evolution und Gottesidee, Studien zur Geschichte der philosophischen Gegenwartsströmungen zwischen Asien und dem Abendland, A. Henn Verlag, Ratingen bei Düsseldorf, 1967

SAHER, P. J., siehe OSBORNE

SCHMIDT, K. O.: Das abendländische Totenbuch, Band I: Und der Tod wird nicht mehr sein ... Jenseitserfahrung und Unsterblichkeitsgewißheit, Band II: Wir leben nicht nur einmal – Wiederverkörperung und Schicksalsdynamik – Rückerinnerungen an frühere Leben, Drei-Eichen-Verlag, München, 1973

SCHMIDT, K. O.: Brücken der Einheit von Ost und West: Ramakrishna, Vivekananda, Ramdas und Omkar als Lehrer neuen Denkens, Drei Eichen Verlag Hermann Kissener, 8000 München 60, 1970

SCHNEIDER, Wolfgang: Lexikon alchemistisch-pharmazeutischer Symbole, Verlag Chemie GmbH, Weinheim/Bergstraße, 1962

SCHÖNBERGER, Martin: Verborgener Schlüssel zum Leben – Weltformel I-Ging im genetischen Code, Einführung von Lama Anagarika Govinda, O. W. Barth Verlag München 1973

SELER, Eduard: Gesammelte Abhandlungen zur Amerikanischen Sprach- und Altertumskunde in sechs Bänden, Nachdruck der Ausgabe von 1902 durch Akademische Druck- u. Verlagsanstalt, Graz-Austria, 1960

SPIESS, Edmund: Entwicklungsgeschichte der Vorstellungen vom Zustande nach dem Tode, Nachdruck der Ausgabe von 1877 durch Akadem. Druck- u. Verlagsanstalt Graz, 1975

STECK, Max: Dürers Gestaltlehre der Mathematik und der bildenden Künste, Max Niemeyer Verlag / Halle (Saale), 1948

STOLTZIUS VON STOLTZENBERG: Chymisches Lustgärtlein mit Einführung von Ferdinand Weinhandl, Wissenschaftliche Buchgesellschaft Darmstadt, 1964 (Nachdruck von 1624)

THAUSING, Gertrud: Der Auferstehungsgedanke in ägyptischen religiösen Texten, Otto Harrassowitz, Leipzig (jetzt Wiesbaden), 1943

VON BUTTLAR, Johannes: Zeitsprung – auf der Jagd nach den letzten Rätseln unseres Lebens, C. Bertelsmann München, 1977

VON HARDENBERG, Kuno Graf: Rosenkreuz und Bafomet – Versuch der Lösung zweier alter magischer Quadrate, Gesellschaft hessischer Bücherfreunde Darmstadt, 1932

VON MANGOLDT, Ursula: Buddha lächelt – Maria weint, O. W. Barth-Verlag München, 1958

VON MANGOLDT, Ursula: Kleines Wörterbuch zum Verständnis asiatischer Weltanschauung, Erklärungen von Worten und Begriffen, O. W. Barth Verlag, Weilheim/Obb., 1966

VON WEIZSÄCKER, Carl Friedrich und Gopi Krishna: Biologische Basis der Glaubenserfahrung, O. W. Barth Verlag, 2. Auflage 1973

VON WEIZSÄCKER, Carl Friedrich: Die Einheit der Natur – Lizenzausgabe des Carl Hanser Verlages, München, Buch-Nr. 840/1500

WALDENFELS, Hans: Absolutes Nichts – zur Grundlegung des Dialogs zwischen Buddhismus und Christentum, Herder Freiburg, 1978

WEHR, Gerhard: Esoterisches Christentum, Aspekte – Impulse – Konsequenzen, Ernst Klett Verlag Stuttgart, Edition Alpha, 1975

WEHR, Gerhard: Friedrich Nietzsche: Du sollst der werden, der du bist – Psychologische Schriften, Kindler Verlag München, 1976
ZIMMER, Heinrich: Der Weg zum Selbst – Lehre und Leben des Shrî Ramana Maharishi, Eugen Diederichs Verlag Düsseldorf/Köln, 1974

Bibliographie zum 2. Vorwort (Seite 2–6)

ADLER, Gerhard: Seelenwanderung und Wiedergeburt, Herderbücherei Band 806, 1977
ARISTOPHANES: Sämtliche Komödien, Band II, Artemis Verlag Zürich, 1968
EIGEN/WINKLER: Das Spiel – Naturgesetze steuern den Zufall, Piper München 1975
FORSTNER, Dorothea OSB: Die Welt der christlichen Symbole, Tyrolia Innsbruck 1977
FRIELING, Rudolf: Christentum und Wiederverkörperung, Urachhaus Stuttgart 1975
HOFFMEISTER, Max: Reinkarnation – Antwort auf das Rätsel des Menschen, Achberger Verlag Achberg 1980
JOACHIM VON FIORE: Das Zeitalter des Hl. Geistes, Turm-Verlag Bietigheim 1977
KIESEWETTER, Karl: Der Occultismus des Altertums, Olms Hildesheim 1976
KIRCHER, Athanasius S.J.: Oedipus Aegyptiacus, Band II, Rom 1653
KÜNG Hans: Existiert Gott? Piper München 1978, darin Seite 734: Gott – männlich?
Papus: Die Kabbala, ANSATA Schwarzenburg 1976
RUDIO, Ferdinand: Der Bericht des Simplicius, Sändig Wiesbaden 1968
WEINREB, Friedrich: Das Buch Jonah, Origo Verlag Zürich, 1970
WEINREB, Friedrich: Der göttliche Bauplan der Welt, Origo Verlag Zürich, 1973[4]
ZEHREN, Erich: Das Testament der Sterne, Herbig Berlin-Grunewald, 1957

VORBEMERKUNG ZU ALLEN DREI REGISTERN

Um das Auffinden bestimmter Angaben in den zweierlei Anmerkungen zu erleichtern, haben wir dabei nicht die Seite angegeben, sondern die Nummer der Anmerkung, und zwar bei den Anmerkungen von Pryse (Seite 67–74) mit einem «P» vor der Zahl und bei den Anmerkungen von Klein (Seite 89–94) mit einem «K» vor der Zahl. Ohne diese beiden Buchstaben handelt es sich also um Seitenangaben.

BIBELSTELLENREGISTER
(Abkürzungen entsprechen Einheitsübersetzung)

PERSONENREGISTER

einschließlich Götternamen; Evangelisten und andere Autoren der Heiligen Schrift sind nur dann in dieses Register aufgenommen, wenn kein Zitat folgt. Geographische Namen stehen im Sachregister. Wegen der Markierung von Zahlen mit «P» bzw. «K» verweisen wir auf die allgemeine Vorbemerkung zu den Registern.

SACHREGISTER

einschließlich geographischer Bezeichnungen

Vorbemerkung: Immer wiederkehrende Begriffe wie Reinkarnation, Bibel, Evangelium, Gott, Vater, Sohn, Geist, Seele, Körper, Mensch und Erde, sind nicht aufgenommen worden. Jeder Begriff ist nur in einer Grundform, meist als Substantiv, aufgeführt. Wegen der Markierung von Zahlen mit «P» oder «K» verweisen wir auf die allgemeine Vobemerkung vor den Registern. – Dieses Register erhebt keinen Anspruch auf Vollständigkeit.

ZAHLEN: